Ingrid Schick

111 Orte im Vogelsberg und in der Wetterau, die man gesehen haben muss

Mit Fotografien von Christina Marx

emons:

Bibliografische Information der Deutschen Nationalbibliothek
Die Deutsche Nationalbibliothek verzeichnet diese Publikation
in der Deutschen Nationalbibliografie; detaillierte bibliografische
Daten sind im Internet über http://dnb.d-nb.de abrufbar.

© Hermann-Josef Emons Verlag
Alle Rechte vorbehalten
© der Fotografien: Christina Marx, außer Kap. 56: Julia Kneuse, Hamburg;
Kap. 95 unten: Bernhard Diehl, Schlitz
Gestaltung: Eva Kraskes, nach einem Konzept
von Lübbeke | Naumann | Thoben
Kartografie: altancicek.design, www.altancicek.de
Kartenbasisinformationen aus Openstreetmap,
© OpenStreetMap-Mitwirkende, ODbL
Druck und Bindung: B.O.S.S Druck und Medien GmbH, Goch
Printed in Germany 2013
ISBN 978-3-95451-227-0
Originalausgabe

Unser Newsletter informiert Sie
regelmäßig über Neues von emons:
Kostenlos bestellen unter
www.emons-verlag.de

Vorwort

Der Vogelsberg ist geprägt von bizarren Felsformationen. Elf seiner Gipfel sind 700 Meter hoch und höher. Von hier oben hat man atemberaubende Aussichten – über Bergwiesen und mit Hecken durchzogenes Weideland oder ausgedehnte Wälder bis zum Taunus, zur Frankfurter Skyline oder ins Gießener Becken und die Rhön. Am Fuße des Vulkans liegt die von bäuerlicher Landwirtschaft geprägte Wetterau mit ihrem Schachbrettmuster von grünen Wiesen, gelben Rapsfeldern und fruchtbaren Äckern. Hier haben bereits Kelten und Römer ihre Spuren hinterlassen.

An alten Pilgerpfaden und Handelswegen laden fachwerkbunte Städtchen wie Lich, Laubach und Lauterbach mit verwinkelten Gassen, trutzige Burgen wie Burg Münzenberg, pittoreske Schlösser wie das Barockschloss Stockhausen und außergewöhnliche Kirchen wie die Marienkirche mit Marienkräutergarten zur Entdeckung ein. Kulturelle Denkmale von Weltruf wie die Keltenwelt auf dem Glauberg, erdgeschichtliche Schauplätze wie der Steinbruch Michelnau, Zeugnisse jüdischen Lebens wie die Mikwe in Friedberg oder zahlreiche ungewöhnliche Museen wie das Muna-Museum oder das Eisenkunstgussmuseum erzählen von der wechselvollen Geschichte, der Handwerkskunst und vielem mehr in der Region.

Es sind aber vor allen Dingen die Menschen, die ihre (Wahl-)Heimat prägen. Egal, ob Elvis Presley, der seine Lieblingstorte im Bad Nauheimer Café Bienenkorb aß, Graf Karl Georg zu Solms-Laubach, der als Robin Wood unserer Tage in einem seiner Wälder ein »Grünes Paradies« errichtete, Artur Czarski, der ein privates Uniformenmuseum führt, oder Wolfgang Keil, der König der Schokoküsse. Wir haben Sie alle besucht, sind auf und abseits touristischer Pfade gewandert, haben geheimnisvolle Orte für Sie entdeckt und manchen kulturellen Schatz für Sie gehoben. Machen Sie sich auf die Socken und entdecken Sie die Heimat! Wir wünschen Ihnen viel Spaß dabei.

111 Orte

1 Arabella

Eine gute Nachtgeschichte

Mit großen Blumen-Dessins oder Millefleurs-Muster, mit Herzen oder Karo, Rüschen, Schleifen oder Bändern verziert – aus mehr als 300 Musterstoffen in unterschiedlichen Farbwelten werden in der traditionsreichen Nachtwäschefabrikation Arabella Nachthemden, Pyjamas und Schlafshirts hergestellt. Von der Stoffproduktion und dem Färben bis zum Design-Entwurf und der Fertigung – alle Materialien kommen aus dem europäischen Ausland, die Herstellung findet in Deutschland und den Nachbarländern statt, darauf legt Firmeninhaber Rudolf Schlosser größten Wert.

Der Firmensitz ist seit den 1950er Jahren in Alsfeld, inzwischen allerdings nicht mehr in der engen Innenstadt, sondern auf dem ehemaligen BGS-Gelände. Heute befindet sich dort noch die Musterabteilung, in der bis zu drei Kollektionen im Voraus geplant, designt und Musterstücke produziert werden. Eine Designerin, eine Mustermacherin und vier Schneiderinnen arbeiten an immer neuen modischen Modellen. Im benachbarten Ausland nähen dann 250 Näherinnen monatlich etwa 30.000 Schlafgewänder, die überwiegend an Kaufhäuser und Versandhändler geliefert werden.

Kundenmagnet ist der Outletshop, in dem man zu Fabrikpreisen Überhänge oder B-Ware erstehen kann. Mindestens ebenso spannend ist aber eine Führung durch die Musterabteilung mit Schneiderei, die Stofflager und den Showroom. Dabei erklärt der charmante Firmenchef nicht nur die Maschinen, von der Zickzack- bis zur Gradstichnähmaschine, sondern auch den technischen Wandel in der Herstellung und im kaufmännischen Miteinander von Produzent und Großabnehmern. Währenddessen schneidern die Damen in der Musterabteilung unbeirrt weiter. In der Vorweihnachtszeit wird die Empfangshalle festlich geschmückt, und dem Besucher werden selbst gebackene Plätzchen kredenzt. Kein Wunder, dass Landfrauen- oder Kegelvereine und so mancher Ausflügler gerne zu einer Führung kommen.

Adresse Theodor-Heuss-Straße 10, 36304 Alsfeld, Tel. 06631/2071 | **Pkw** A 5 bis Alsfeld, B 49 Grünberger Straße, rechts »Am Ringofen«, rechts in Theodor-Heuss-Straße | **Öffnungszeiten** Outlet: Mo−Fr 8−18, Sa 10−13 Uhr; Führungen nach vorheriger Anmeldung | **Tipp** Ein malerischer Ort in der historischen Altstadt ist der 1981 restaurierte Platz rund um den Grabbrunnen (Am Grabbrunnen). Die Sage berichtet, dass hier der Klapperstorch die Kinder holte und zu den Familien brachte.

2__ Carl Ramspeck
100.000 tolle Sachen im Haus der Geschenke

Geschirr und Gartenstühle, Büroklammern und Briefkästen, Kleiderbügel und Korkenzieher, Fleischwolf und Feng-Shui-Fensterschmuck, Emailschilder und Engelchen, Staubwedel aus Straußenfedern und silberne Leuchter, Froschkönige und Frischhalteboxen, Thermokannen und Türhaken – gibt's nicht, gibt's hier nicht! 100.000 und mehr tolle Sachen, manche sehr nützlich, andere weniger, sind in den zahlreichen Abteilungen mit ebenso vielen Regalen und Schränken auf etwa 400 Quadratmetern Verkaufsfläche zu finden. Ein Einkaufsparadies der ganz anderen Art, denn hier scheint die Zeit stillzustehen, und die Verkäuferinnen sind freundlich und hilfsbereit. Aus der Gründerzeit stammt auch die altgediente Registrierkasse, über und über mit »falschen Fuffzigern« und Zetteln beklebt, die viele Krisen und Währungsumstellungen überstanden hat.

Vom wunderschönen historischen Gewölbekeller, wo dezente Musik zum Stöbern anregt, über den scheinbar nicht enden wollenden, schlauchartigen Verkaufsraum bis in den Hinterhof und den ehemaligen Schuppen des Alsfelder Traditionsgeschäftes Carl Ramspeck sind die Haushaltsgeräte, Geschenkartikel, Kuriositäten, Mitbringsel, Gartenmöbel und -geräte verteilt. Heute führt Christine Metz-Schmidt das Haus der Geschenke in sechster Generation. Das Erstaunliche: Die Damen vom Verkauf und die Chefin wissen immer, wo der gewünschte Artikel verstaut ist, selbst wenn es ein einzelner Einmach- oder Schlüsselring ist.

»Ich liebe euren Laden, er ist so wunderschön« oder »Hier kann man genießen, staunen und wieder Lebensfreude gewinnen«, steht im Gästebuch, in das sich viele Kunden mit Freude eintragen und wann immer möglich wiederkommen. Das liegt wohl auch daran, dass Christine Metz-Schmidt und Gatte Henning das Geschäft mit Herzblut führen und alle Waren selbst aussuchen. Ganz nach dem Motto: »Was ins Sortiment kommen soll, das kommt von alleine zu uns.«

Adresse Markt 10, 36304 Alsfeld, Tel. 06631/2025 | **Pkw** A 5 Ausfahrt Alsfeld, B 49 (Grüneberger Straße), rechts in Marburger Straße, links Mainzer Gasse, dann links Baugasse (führt zum Markt) | **Öffnungszeiten** Mo–Fr 9–18, Sa 8.30–16 Uhr | **Tipp** Am Weinhaus (Markt 3) kann man ausprobieren, was es heißt, den Kopf in der Schlinge zu haben. Im Mittelalter Strafe für Betrüger, ist der eiserne Pranger heute eines der meistfotografierten Motive auf dem Alsfelder Marktplatz.

3__ Die Westernstadt

Der Wilde Westen liegt bei Alsfeld

In Lingelcreek tragen echte Kerle einen Stetson, Cowboyboots aus Schlangen- oder Straußenleder und einen Colt im Holster. Die Westernstadt mit dem Golden Nugget Saloon, Dancehall Grizzly Rose, Barbershop, Kirche und kompletten Straßenzügen im Western Style erinnert an die berühmt-berüchtigte Goldgräberstadt Deadwood in den Black Hills. Bekannte Revolverhelden wie Wild Bill Hickok, Doc Holiday und Wyatt Earp oder, als einzige Frau, Calamity Jane strickten mit an der US-amerikanischen Legende. Beide Städte litten durch ein Feuer: 1879 brannte Deadwood, 2005 die Scheune in Lingelcreek, in der Original-Requisiten wie Felle, alte Wagenräder, Holzfassaden und die Musikanlage verbrannten.

In Lingelcreek geht es im Vergleich zum Original sehr gesittet zu. Hier wird Modern American Square- und Linedance von fünf Tanzgruppen betrieben, werden Country-Feste und der Lingelcreek Day mit Musik und Showprogramm veranstaltet. Den Saloon kann man für Hochzeiten oder Firmenevents mieten.

Angefangen hat alles 2001, als die Damen der Lingelbacher Squaredance-Gruppe »Hot Spurs« ein Sommerfest veranstalteten und die Männer dafür die ersten Westernkulissen bauten, mit denen das Festzelt und die Front der Schule verkleidet wurden. Danach entwickelte das Projekt schwungvolle Eigendynamik. Im März 2004 wurde der Verein »Mainstreet 99« gegründet. Mittlerweile hat er 158 Mitglieder, die in bisher gut 20.000 freiwilligen Arbeitsstunden die Westernstadt aufbauten und seither pflegen. »In Lingelcreek soll nicht verklärte Westernromantik à la Hollywood inszeniert werden, sondern vielmehr das, was den Wilden Westen einst wirklich ausmachte, nämlich mit vereinten Kräften etwas schaffen«, erklärt der Vereinsvorsitzende Stefan Quehl. So sind – nur zu den großen Festen – auch Hobbyisten, die indianisches Brauchtum pflegen, in der Vogelsberger Westernstadt mit Tipis und Federschmuck zu Gast.

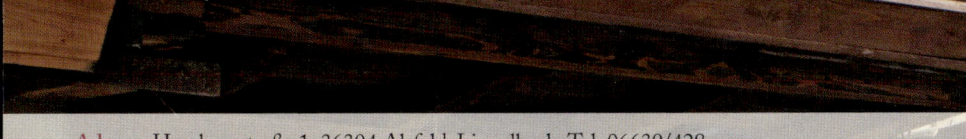

Adresse Hembergstraße 1, 36304 Alsfeld-Lingelbach, Tel. 06639/428, www.hot-spurs-lingelcreek.de | **Pkw** A 5 bis Alsfeld-Ost, B 62 bis Lingelbach, rechts in Konroder Weg, links in Hemberger Straße | **Öffnungszeiten** bei Veranstaltungen oder nach Absprache | **Tipp** Die Welt der Märchen, Sagen und Legenden betritt man im Alsfelder Märchenhaus (Sackgasse 2) mit Puppenstube im Obergeschoss.

4 Abtei Kloster Engelthal

Stille Einkehr bei den Benediktinerinnen

Schreitet man durch das schmiedeeiserne Tor, fühlt man sich sofort in eine andere, eine beschaulichere und stillere Welt gebeamt. Die Nonnen heißen im Geiste des Ordensgründers Benedikt ihre Gäste willkommen und lassen diese an ihrem klösterlichen Leben teilhaben. 1268 von den Rittern von Buches und Karben als Kloster gestiftet, kam das Anwesen nach der Säkularisierung 1803 in private Hände und wurde 1952 und 1961 etappenweise vom Bistum Mainz zurückgekauft. 1962 zogen die Benediktinerinnen von Herstelle ins Kloster Engelthal ein. Seither haben sie die Abtei Kloster Engelthal zu einem lebendigen gesellschaftlichen Zentrum in der Region gemacht. Zum Programm gehören Konzerte in der Klosterkirche und -kapelle, Gastaufenthalte für Laien und zahlreiche Seminarangebote.

Dazu zählt auch die Mitarbeit in der Restaurierungswerkstatt im Rahmen eines Kurzpraktikums oder der »Ora et labora«-Wochen. Wertvolle Objekte wie die Backoffengruppe aus der St.-Ignaz-Kirche in Mainz, Großkruzifixe, Holztafelgemälde und die sakralen Kunstwerke des Klosters erstrahlen nach einer »Schönheitskur« unter den fachkundigen Händen der beiden zu Restauratorinnen ausgebildeten Schwestern in neuer Pracht.

Stöbern, blättern, eintauchen! In der Klosterbuchhandlung wird Lesen – nicht nur religiöser Literatur – zum Erlebnis, denn eine der heute im Kloster lebenden und arbeitenden 22 Benediktinerinnen flattert immer in ihrer schwarzen Kutte zwischen den Regalen umher, berät kompetent und freundlich. Neben Büchern gibt es Räucherwerk, Schmuck und Köstlichkeiten aus der Klosterküche wie Klosterlikör und Apfelgelee. Im Sommer kann man frisch gepflückte Blumen und Gemüse aus dem Klostergarten kaufen, zur Weihnachtszeit von den Nonnen gebackene Plätzchen. Pünktlich um 17 Uhr ist allerdings Schluss, dann kommen die Nonnen ihrer vornehmsten Pflicht, der spirituellen Andacht beim Abendlob, nach.

Adresse Klosterstraße 2, 63674 Altenstadt, Tel. 06047/96360, www.abtei-kloster-engelthal.de | **Pkw** A 45, Abfahrt Altenstadt, L 521 Abfahrt Kloster Engelthal (K 234), ausgeschildert | **Öffnungszeiten** Buchladen: Di–Fr 9.30–11.45 und 15–17 Uhr, Sa 10–11.45 und 15–17 Uhr, So 10.30–11.45 und 15–16.40 Uhr, Mo geschlossen | **Tipp** Die »Dicke Berta« ist ein mächtiger Vulkangesteinsbrocken, der im Wald zwischen Altenstadt und Kloster Engelthal (an der K 234) seine letzte Ruhestätte gefunden hat.

5 Die Storchenkamera

Vogel–Schau

Störche sind das Wahrzeichen von Lindheim. Das belegt nicht nur eine alte bemalte Holztafel an der Empore in der Lindheimer Kirche aus der Zeit des Dreißigjährigen Krieges. Sie zeigt Meister Adebar als Begleiter von Adam und Eva. Bereits im 18. Jahrhundert pflegten die Lindheimer Bürger und Bürgerinnen die Storchennester auf den Scheunendächern ihres Dorfes.

Dass sich Störche hier besonders wohlfühlen, liegt daran, dass der Altenstädter Ortsteil Lindheim inmitten grüner Wiesen und Landschaftsschutzgebiete wie der »Kuhweide« oder dem »Heegheimer Bruch« liegt. Auf der etwa 100 Hektar großen Kuhweide, die alljährlich von Seemenbach und Nidder geflutet wird, ist der Tisch für Meister Adebar üppig mit Fröschen, Insekten und anderen Kleintieren gedeckt.

Auch wenn mittlerweile viele seiner Artgenossen in der Wetterau Lebensraum und Brutplätze finden, ist der Weißstorch vom Aussterben bedroht. Aber in Lindheim ist alles anders: Zwei Störche, er aus dem Elsass, sie weit gereist aus Afrika, trafen sich hier zum ersten Tête-à-Tête, nisten nun alljährlich und ziehen auf dem hohen Schornstein der ehemaligen Brennerei auf dem Hofgut Westernacher ihren Nachwuchs auf. Dem Storchenpaar gefällt es hier so gut, dass es die beschwerliche Reise in den Süden erst gar nicht mehr antritt. Vogelfreunde und Naturschützer freut es, und so füttern sie das Vogelpaar im Winter durch.

Was im Nest von Wilhelm und Wilma so alles los ist, Gerangel um die besten Happen, Geschnäbel und erste Flugversuche der Jungstörche – alles überträgt die Nestkamera live ins »Fernsehzimmer«. Das ist ein mit Sofa und Fernseher ausgestatteter Raum im Stall, in dem Interessierte und Vogelfreunde stundenlang zur Vogel-Schau sitzen. Mit sieben zu beobachtenden Altstörchen und zwei erfolgreich aufgezogenen Jungstörchen hat Lindheim die größte frei lebende Storchenpopulation in Hessen.

Adresse Hofgut Lindheim, Düdelsheimer Straße 12, 63674 Altenstadt-Lindheim, Tel. 06047/1559 | **Pkw** A 45 Ausfahrt Altenstadt-Lindheim, B 521 bis Lindheim, links auf die L 3191, wieder links in die Düdelsheimer Straße | **Öffnungszeiten** täglich 9 – 18 Uhr | **Tipp** Vor einer riesigen Apfel-Skulptur im Ortsteil Oberau (Am Waldfriedhof) sind römische Liegen postiert – das Apfelkunstwerk ist den zahlreichen Streuobstwiesen der Region gewidmet.

6 Das Café Bienenkorb

Eine Geburtstagstorte für Elvis Presley

Betritt man das Café Bienenkorb, atmet man Geschichte: klassisches Kaffeehaus-Ambiente mit Rüschengardinen, Kork an der Decke und Thonet-Stühlen. Dass hier vor mehr als einem halben Jahrhundert auch Elvis Presley gesessen hat, kann man sich kaum vorstellen. Hat er aber! Nämlich während seines Militärdienstes von 1960 bis 1962 in den Ray Barracks im benachbarten Friedberg. In der Kur- und Jugendstilstadt Bad Nauheim wohnte der King of Rock 'n' Roll mitsamt seiner Familie und Manager. Und er hat hier einige Spuren hinterlassen. Denen folgen seine Fans bis heute begeistert – nicht nur beim alljährlich um die Zeit seines Todestages am 16. August stattfindenden »European Elvis Festival«.

Oft führt ihr Weg auch in das Café Bienenkorb. Hier hat sich seit den 1960er Jahren wenig verändert, und noch heute wird die Schokoladen-Torte gebacken und serviert, die Elvis Presley zu seinem 25. Geburtstag gegessen hat und wegen der er immer wieder in dieses Café kam.

In der Kuchentheke reiht sich eine Torte an die andere. Der Renner bei allen Elvis-Fans ist aber die Pariser Schokocreme-Torte mit gekochter Sahne. Schicht für Schicht türmt sich sehr dunkle Schoko-Creme und dunkler, luftiger Teig, obendrauf üppige Verzierungen. Die Geburtstagstorte des Kings ist Weight Watchers' Nightmare und schwärzer als der Blues der 1950er und 1960er Jahr, aber so köstlich!

Fans des King of Rock 'n' Roll kommen an dieser Tortenkreation nicht vorbei. Während des Elvis Presley Festivals oder bei verschiedenen Führungen und Veranstaltungen ist diese Schokoladentorte der Hit. Sollte die einmal ausverkauft sein, wird das letzte Stück ins Schaufenster gestellt. Dann können die Fans wenn schon nicht kosten, dann doch wenigstens das legendäre Gebäck sehen. »Für ein Stück von dieser Torte hat uns ein amerikanischer Gast sogar mal 200 Dollar geboten«, erzählt die Dame am Kuchenbuffet.

Adresse Hauptstraße 3, 61231 Bad Nauheim, Tel. 06032/2179 | **Pkw** A 5 Ausfahrt Friedberg (L 455) bis Ockstadt, B 3 bis Bad Nauheim, rechts auf Schwalheimer Straße, links auf Homburger Straße, links Hochwaldstraße, rechts Rießstraße, wieder rechts in Hauptstraße | **Öffnungszeiten** Mo–Fr 7–18 Uhr, Sa 7–17 Uhr, So 13–17 Uhr | **Tipp** An der Burgpforte in der Bad Nauheimer Altstadt hat Elvis Presley in Uniform für das Cover seiner Platte »A Big Hunk O' Love« posiert. Die Burgpforte ist noch so erhalten, wie sie 1959 aussah, und noch heute ein Pilgerort von Elvis-Fans aus aller Welt.

7_ Der Weinberg

In vino veritas

In Bad Nauheim führen alle Wege auf den Johannisberg, der prägnant 268 Meter über der Kurstadt thront. Von oben bietet sich eine phantastische Aussicht auf die Parzellen des Bad Nauheimer Weinbergs, zum Friedberger Adolfsturm, hinaus in die Wetterau und auf den Vogelsberg. Weinbau hat hier Tradition. Im 19. Jahrhundert war der leichte »Johannisberger« ein beliebter Wein. Nach 100 Jahren gedeihen auf dem Areal heute wieder 1.500 Rebstöcke auf 3.000 Quadratmetern, hauptsächlich Riesling und Spätburgunder. Das Revival der Weinbautradition ist dem Einsatz des »Freundeskreises Weinbau Johannisberg« mit seinen 200 Mitgliedern zu verdanken.

Diese bearbeiten und pflegen den historischen Weinberg seit 1999 wieder. Zunächst wurden die Sichtachsen von einst freigeschnitten, der Boden umgegraben und schließlich im April 1999 die ersten 1.044 Pflanzlöcher gegraben. Weil auf dem Johannisberg dank des milden Kleinklimas im Frühjahr Blumen und Bäume eher erblühen als in den zahlreichen Parks und Gärten der Kurstadt, liegt es nahe, dass er im Volksmund auch »Nizza Bad Nauheims« genannt wird. Dazu mag auch eine Gepflogenheit, adaptiert aus den südfranzösischen Weinbauregionen, beitragen. Denn vor jeder Parzelle steht ein Rosenbusch aus der Rosenstadt Steinfurth. Die Blumen verschönern nicht nur den Weinberg, sie sind auch biologische »Alarmanlagen«, da sie schneller als die Rebstöcke von Schädlingen im Weinberg befallen werden.

Aus den Trauben wird mit einer Sondergenehmigung des Weinbauamtes in Eltville nicht weiter klassifizierter »Deutscher Wein« hergestellt. In ertragreichen Jahren mehr als 2.500 Flaschen. Leider werden die schön mit Jugendstilmotiven etikettierten Raritäten ausschließlich von den Vereinsmitgliedern geleert. Sonntags von 14 bis 18 Uhr ist das Vereinshaus »Parzelle 21« geöffnet. Dort hat man gute Chancen, einen Schluck abzubekommen.

Adresse Höhenweg, 61231 Bad Nauheim | **Pkw** A 5 Ausfahrt Friedberg (L 455) bis Ockstadt, B 3 bis Bad Nauheim, links in Rödger Weg, im Kreisverkehr 2. Ausfahrt Eleonorenring, rechts Frankfurter Straße, links in Lindenstraße, wieder links in Parkstraße bis Mondorfstraße, rechts auf Höhenweg | **Tipp** Oberhalb des Weinberges liegt das Jugendstil-Café und Restaurant Johannisberg. Hier hat bereits Kaiserin Sissi bei ihrem Kuraufenthalt gespeist und die herrliche Aussicht genossen.

8___Das Restaurant Williams

Bretonische Küche zum Abheben

Ein Geheimtipp, den man als Autorin besser nicht verrät. Sagen Freunde. Es ist einfach zu schön im kleinen, originellen Restaurant mit Terrasse am Segelflugplatz des Aero-Club Bad Nauheim am Eichberg. Draußen kann man im Sommer immer wieder sonntags mit herrlicher Aussicht brunchen. Oder man sitzt in der ersten Reihe direkt am Flugfeld und blinzelt am Abend mit einem Sundowner in der Hand in die untergehende Sonne. Es gibt kaum schönere Sonnenuntergänge als hier. Dazu lässt man sich bretonische Spezialitäten wie Galettes mit Blattspinat und Gorgonzola oder Crêpes mit frischem Apfelkompott und Calvados aus der Kombüse schmecken. Kaffee, Kuchen und Salate zaubert die Crew ebenfalls in der Mini-Küche. Der Blick auf startende und landende Segelflugzeuge, Motorsegler sowie die hügelige Landschaft der Wetterau, die einem hier oben zu Füßen liegt, ist im Preis inbegriffen. Immer wieder freitags treffen sich hier Bad Nauheimer Musiker zur abendlichen Jamsession.

Als Anfang August 1950 der Deutsche Aero Club gegründet wird, werden auch die Bad Nauheimer Flieger aktiv. 60 Mitglieder rufen bereits am 25. August den Aero-Club Bad Nauheim ins Leben ... und hoffen, bald mit einem eigenen Segelflieger abheben zu können. Als 1951 das Flugverbot der Alliierten aufgehoben wird, war der Bau eines Doppelsitzers vom Typ Mü 13 E bereits vorbereitet. Im Juni 1953 war es endlich so weit. Der Jungfernflug endete jedoch mit einer Bruchlandung.

Doch schon im nächsten Jahr gelangen Fünfstundenflüge über die Alpen. Seither gehörten »Schwalbe«, »Möwe« oder »Bergfalke« zum Fluggerät der Bad Nauheimer Aeronauten. Die sind bei internationalen Segelflieger-Wettbewerben immer wieder erfolgreich. Schnupperkurse, Mitfliegen, Ausbildung – für alle, die einmal in die Luft gehen möchten oder die Segelfliegerei erlernen wollen, gibt es ein umfangreiches Angebot.

Adresse Am Eichberg 6, 61239 Bad Nauheim-Ober-Mörlen, Tel. 06032/9296386 | **Pkw**
A 5 Ausfahrt Ober-Mörlen, L 275 Richtung Ober-Mörlen, Frankfurter Straße, über Hain-
graben auf die Usinger Straße, links in Hasselhecker Straße (wird zur Wintersteinstraße),
unter der Autobahn hindurch bis zum Flugplatz | **Öffnungszeiten** täglich 12 Uhr bis
Sonnenuntergang, Sa, So und Feiertage von 10 Uhr bis Sonnenuntergang | **Tipp** Oberhalb
von Bad Nauheim (Ernst-Ludwig-Weg) erhebt sich der achteckige Turm (ein ehemaliger
Kirchturm, erbaut um 1250) der Volkssternwarte Wetterau. Über 139 Stufen geht es hinauf
auf die Beobachtungsplattform mit Schutzkuppel für die Teleskope.

9__Das Rosenmuseum

La vie en rose

Echt dufte, das weltweit einzige Museum zur Kunst- und Kulturge-schichte der Rose im Wetterauer Rosendorf Steinfurth. Hier wer-den in einer Dauerausstellung mit verschiedenen Themenschwer-punkten – von »Rosen und die schönen Künste« bis »Rosige Zeiten in Steinfurth« und »Duft aus 1001 Nacht« – Kunst- und Kulturge-schichte der Rose gezeigt. So kann man beispielsweise den betören-den Duft von Damaszener-Rosen an der Duftbar schnuppern, nach Vereinbarung in 2.000 Bänden Rosen-Literatur schmökern, Rosen-blütengelee kosten, die Rose als Sinnbild der Liebe entdecken oder zahlreiche Kunstwerke wie Vasen, Flakons und Gemälde mit der Kö-nigin der Blumen als Motiv bestaunen. Riechen, tasten, sehen, schme-cken, hören – hier werden die vielen Facetten der Rose auf einzig-artige Weise dargestellt.

Das Rosenmuseum Steinfurth ist aus dem bereits 1974 gegründe-ten Heimatmuseum entstanden und steht heute in regem Kontakt und Austausch mit Ländern wie England, Frankreich und Bulga-rien, um Wissen und Kunstwerke auszutauschen. So erzählt eine bul-garische Destille von der 300-jährigen Tradition der Gewinnung des kostbaren Rosenöls. 1998 wurde der deutsch-japanische Haiku-Stein, eine Art Gedenkstein mit typischem kurzem Reim, im Museum auf-gestellt.

Neben der künstlerischen Darstellung sind auch die Natur- und Technikgeschichte rund um die Königin der Blumen Teil des Muse-umskonzepts und werden in vielen, regelmäßig wechselnden Son-derausstellungen thematisiert. Egal, ob es dabei in Zeiten sozialer Netzwerke wie Facebook um das Thema »Freunde finden – ganz ro-mantisch« geht oder die symbolhafte Bedeutung der Rose in der Li-teratur beleuchtet wird. Ob bei den wechselnden Sonderausstellun-gen, Vorträgen und Lesungen oder als köstliche Torte im gemütlichen Museumscafé und bei originellen Geschenken im Museumsshop – die Rose spielt hier immer die Hauptrolle.

Sinnbild
der Liebe

Adresse Alte Schulstraße 1, 61231 Bad Nauheim-Steinfurth, Tel. 06032/86001 | **Pkw**
A 5 Ausfahrt Nieder-Mörlen, L 275 bis Abfahrt L 3134 Richtung Steinfurth, wird zur Stein-
further Hauptstraße, rechts in die Neugasse (stößt direkt auf das Rosenmuseum) | **Öffnungs-
zeiten** Mai–Okt. Di–So 10–17 Uhr, Nov.–April Di–Sa 14–17 Uhr, Sonn- und Feiertage
10–17 Uhr | **Tipp** Ein Hauch Provence weht durch den romantischen, 4.500 Quadratmeter
großen Gartenhof Löw zu Steinfurth (Hauptstraße 7–9). Bereits Ende der 1950er Jahre von
Heinke von Löw mit zahlreichen Rosen, Stauden, Heilkräutern und lauschigen Sitzplätzen
angelegt.

10 Die Bibliotheksbrücke

Bücher im Glaspalast

Während in Hessen seit 1999 jede zehnte Bücherei schließen musste, wurde in der neuen Mitte der Brunnenstadt ein Zentrum für Bücher und moderne Medien gebaut. Mit der Bibliotheksbrücke über der Nidda hat Bad Vilbel dem thüringischen Erfurt und dessen Krämerbrücke den Rang abgelaufen. Bisher war die Hauptstadt des Nachbarlandes die einzige Stadt nördlich der Alpen mit einer bebauten Flussbrücke, wurde nun aber von Bad Vilbel mit seiner supermodernen Bibliothek und Mediathek übertrumpft.

Auf 1.400 Quadratmetern ist Raum für Leseräume für Alt und Jung, Ausleihe und Magazine für 50.000 Bücher, Hörbücher, Filme, Tageszeitungen und Fachmagazine entstanden. Internetzugänge und WLAN sind selbstverständlich. Highlight im luftigen Lesesaal im ersten Obergeschoss: die Logenplätze an den Fensterfronten mit Blick auf Fluss und Park. Plus für Leseratten: durch sogenannte »Radio-Frequency-Identification-Chips« auf allen Medien kann man seine ausgeliehenen Bücher und andere Datenträger rund um die Uhr an einem Automaten zurückgeben.

Entworfen wurde das Domizil der Stadtbibliothek von Professor Alfred Angerer (gestorben 2010). Der ließ sich in der kreativen Phase von den doppelstöckig bebauten Brücken in Florenz inspirieren. Bad Vilbel also ein Nidda-Florenz?

Nach der Fertigstellung bildet die Brücke, offen gestaltet und großzügig aus Stahl, Glas und Holz gebaut, den Abschluss der sogenannten neuen Mitte Bad Vilbels zum Fluss hin, lässt aber die Blickachse auf das Kurhaus im angrenzenden Park frei. Die mit Holzplanken ausgelegten Freiflächen laden zum Open-Air-Schmökern ein, aber auch einfach zu einem Plausch mit schöner Aussicht auf den Fluss und die Parklandschaft.

Bei Sonnenschein stehen die Türen zur Bibliothek und dem integrierten Brücken-Café offen. Hier kann man sich einen Cappuccino holen oder mit Freunden zum Kaffeeklatsch treffen.

Adresse Niddaplatz, 61118 Bad Vilbel | **Pkw** A 661 Ausfahrt Bad Vilbel, B 3 bis Bad Vilbel, rechts über L 3008 (Homburger Straße), rechts in Kasseler Straße, bis Kreisverkehr, 3. Ausfahrt Frankfurter Straße, Niddaplatz ist ausgeschildert | **Tipp** Wasser umspielt die Häupter der Meeresbewohner, Fabelwesen und Tiere, die sich im »lebendigen« Mosaik (Parkstraße) um Meeresgott Oceanus scharen. Das Original wurde 1849 am Vilbeler Südbahnhof in den Resten einer römischen Badeanlage gefunden und ist im Landesmuseum Darmstadt untergebracht.

11 Der Dottenfelderhof
Lauter glückliche Tiere

Besucht man den Dottenfelderhof, kann es schon mal passieren, dass eine Muttersau grunzend ihren Nachwuchs über den Hof spazieren führt. Der Vater der quiekenden Schweinchen schaut aus seinem Außenpferch im Hofgeviert zu. Die Kühe leben in einem luftigen Stall, fressen frisches Grün oder Heu und haben sommers Weidegang. Hühner, Enten und Gänse bevölkern das Nidda-Ufer und picken im Sand und auf Grünflächen. Der Dottenfelderhof wird seit 1968 von einer anthroposophisch orientierten Betriebs- und Lebensgemeinschaft nach biologisch-dynamischen Richtlinien bewirtschaftet.

Was in der Landwirtschaft erzeugt wird, muss vermarktet werden. Um die Wertschöpfung aus dem Betrieb selbst generieren zu können, gibt es seit Anbeginn einen kleinen Hofladen und einen Verkaufswagen auf Märkten in und um Frankfurt. Die Milch der mittlerweile 80 Kühe wird in der Hofkäserei verarbeitet oder flaschenweise im separaten Käseladen auf dem Hof verkauft. Das Getreide wird gemahlen und in der Bäckerei zu köstlichem Brot und Kuchen gebacken. Der Hofladen hat sich über die Jahre zu einem Bio-Fachmarkt mit Vollsortiment gemausert.

Ein Einkauf auf dem Dottenfelderhof ist immer ein Erlebnis, denn die ganzheitliche Philosophie seiner Bewohner spiegelt sich an jeder Ecke wieder. Egal, ob prächtige Rosen im Hof ranken, das Brünnlein vor dem Laden plätschert, Kinder vergnügt im Sandkasten spielen, man mit einem Kaffee und selbst gebackenem Kuchen im Hofcafé sitzt und die Seele baumeln lässt oder einen Blick in die Ställe der tierischen Mitarbeiter wirft – hier ist die Welt noch in Ordnung.

Last, but not least sei die lange Geschichte des Anwesens erwähnt: Bereits 976 wurde das landwirtschaftliche Anwesen »Dudtunfeld« erstmals urkundlich erwähnt. Damals belehnte Kaiser Otto II. das Kloster Worms mit dem Hof, der bis zur Säkularisierung 1803 in klösterlichem Besitz blieb.

Adresse 61118 Bad Vilbel, Tel. 06101/529625 | **Pkw** A 661 Ausfahrt Bad Vilbel, B 3 bis Bad Vilbel, L 3008 bis Abfahrt Dottenfelderhof (ausgeschildert) | **Öffnungszeiten** Laden: Mo–Fr 9–19, Sa 8.30–16 Uhr | **Tipp** Bad Vilbel ist die Stadt der Quellen. An vier Trinkbrunnen kann man dieses Heilwasser kosten. Besonders schön als römischer Brunnentempel gestaltet ist der im unteren Kurpark (Am Hallenbad).

12 Das Paradies an der Wasserburg

Gestalten aus der Zwischenwelt

Die Burg in Bad Vilbel thront auf keiner Anhöhe und dominiert auch nicht das Stadtbild. Eher versteckt liegt sie im oberen Kurpark, nahe der Nidda. Spaziert man am lauschigen, mit Bäumen bestandenen Ufer entlang, taucht sie fast unvermittelt vor einem auf. Rund, wehrhaft aus gelblichem Sandstein gemauert und von einem Wassergraben umschlossen. Auf diesem dümpeln Heerscharen von Enten und anderen Wasservögeln. Wie in früheren Zeiten führt nur eine Brücke hinüber.

Introvertiert, nach innen gerichtet, nicht von dieser Welt, vielmehr entrückt scheinen sie zu sein, die mystischen Holzfiguren im prominent gelegenen, aber nicht zugänglichen inneren Graben der Bad Vilbeler Wasserburg. Schweigend stehen sie da, im Spiel von Licht und Schatten der riesigen Bäume drum herum und dem Wasser im Burggraben – man hält unwillkürlich inne, staunt und sinniert über die in Gruppen arrangierten oder einzeln stehenden Gestalten in dieser Zwischenwelt. »Die Figuren sollten dem stummen Sandstein der Burg ein Gesicht geben, eine Mystik spürbar machen. Sie sind das Bindeglied zwischen Kunst und Historie, zwischen Holzskulptur und Steinmauer«, erklärt Kulturamtsleiter Claus Kunzmann.

Der Künstler Stephan Gruber aus dem Vogelsberg-Städtchen Nidda nennt seinen mittlerweile 64 Figuren umfassenden Zyklus »Paradies«. Den schlanken Gestalten hat er rätselhafte Namen wie »Kurz vor dem Erwachen«, »Die Verwunderung«, »Narr und Prinzessin« oder »Der innere Klang« gegeben.

2008 nach der Sanierung der Sandsteinwand der Wasserburg aufgestellt, sollten die ehedem 44 Figuren eigentlich nur für ein Jahr dort ihren Platz finden. Mittlerweile zur Dauerausstellung avanciert, gehört das »Paradies« zur Burg wie die dort jährlich stattfindenden Bad Vilbeler Burgfestspiele.

Adresse Verlängerung Parkstraße, 61118 Bad Vilbel | **Pkw** A 661 Ausfahrt Bad Vilbel, B 3 bis Bad Vilbel, rechts über L 3008 (Homburger Straße), links in Kasseler Straße, rechts in Homburger Straße, wieder rechts in Friedberger Straße, führt zum Kurpark (Parkmöglichkeiten nur im Parkhaus an der Friedberger Straße oder in der Parkstraße) | **Tipp** Im Brunnen- und Bädermuseum (Marktplatz 3) gibt's Informationen und Exponate zu den Quellen Bad Vilbels sowie zur Geschichte der Brunnenindustrie und -technik.

13_Lehrpfad Wege des Wassers

Vogelsberger Wasserspiele

Im September 1873 begann in Frankfurt am Main eine neue Zeitrechnung, denn seither versorgen die Fischborner Quellen die gut 80 Kilometer entfernte Metropole mit Trinkwasser. Dass Trinkwasser ein kostbares Gut ist und nicht einfach so aus dem Hahn kommt, das erlebt man auf dem 2012 fertiggestellten Gelände des Lehrpfades »Wege des Wassers« im Birsteiner Ortsteil Fischborn.

Auf einem schön gestalteten 1.500 Quadratmeter großen Areal, unmittelbar am Südbahnradweg gelegen, werden die Geschichte und der Weg des Wassers mit zahlreichen Informationstafeln und Betätigungsfeldern erklärt und erlebbar gemacht. Munter sprudelt eine Quelle, und ein in Stein gefasstes Bächlein rinnt leise gluckernd einige Meter durchs Terrain. Im neuen Info-Pavillon, rustikal aus Holz gebaut, sind großformatige Fotos der Fischborner Allee, der Quellen-Galerie und des Graf-Dietrich-Weihers ebenso zu sehen wie die Genehmigungsurkunde für die Wassergewinnung in Fischborn von 1873. Noch heute werden täglich etwa 5.000 Kubikmeter Wasser, teilweise durch die historischen Gussrohre, die über 66 Kilometer von Fischborn Richtung Frankfurt führten, gepumpt. Damit deckt die Mainmetropole etwa vier Prozent ihres Gesamtbedarfs an Trinkwasser.

Kleine Besucher dürfen sich an zehn lehrreichen Stationen mit Spielgeräten austoben. Dazu gehört auch eine Archimedische Spirale, mit der man beweisen kann, dass Wasser auch nach oben fließt. Die Wasserreinigungs-Simulation ist ein mit mehreren unterschiedlichen Sanden, von fein bis grob, und Kieselsteinen gefüllter Siebbehälter, der die Reinigungskraft des Erdreiches zeigt. Setzt man den Wasserstrudler in Betrieb oder betätigt die historische Schwengelpumpe, kommt man ganz schön ins Schwitzen. Schnell wird dabei deutlich, wie hart die Altvorderen schuften mussten, nur um Wasser mit Muskelkraft von A nach B zu pumpen.

Adresse Zum Hofborn, 63633 Birstein-Fischborn | **Pkw** A 66 bis Bad Soden-Salmünster, L 3178 bis Eckhardroth, L 3196 bis Birstein, L 276 bis Fischborn (276 ist dort Oberland-straße), rechts »Zum Hofborn«, hier ausgeschildert | **Tipp** Landluft kann man im Café Fahrtwind (Hegstraße 2) schnuppern. Man sitzt im herrlichen Garten der Familie Schlett bei selbst gebackenem Kuchen, hausgemachten Wildbratwürsten und vielen Schmankerln mehr.

14__ Der Vogelsberger Dom
Außen imposant, innen reformatorisch schlicht

Sehr beeindruckend erhebt sich die ehemals reformatorische Unterreichenbacher Kirche auf einer erhöhten Kuppe über dem Dorf. Sie ist aus vulkanischem Basalt und Feldsteinen gebaut und wird ihrer Größe wegen im Volksmund »Vogelsberger Dom« genannt. Der Kirchturm ragt stolze 46 Meter in den Himmel und wird von einer in der Sonne golden glänzenden Kugel mit Kreuz geziert. Obwohl von schlichter Architektur, zeigt sich an manchen Ecken des himmelsstürmenden Bauwerks der Einfluss des Barock. Denn Portale, die großen halbrunden Fenster und deren Rahmen aus Sandstein sind Stilelemente dieser Epoche.

Wurde bei der Größe geklotzt, zeigt sich die Innengestaltung reformatorisch schlicht und originell: Der hallenartige Innenraum mutet wie der einer Kathedrale an, ist aber ausschließlich mit naturbelassenem Holz verkleidet. Dem Stil eines reformatorischen Gotteshauses entsprechend sind Wände und Fenster völlig schmucklos gestaltet.

Die Kirchgänger finden auf zwei Emporen und im Innenraum Platz, noch heute streng getrennt nach Kirchspielen, nach Geschlecht und Alter. Die zweite Empore für das unverheiratete Jungvolk war anno dazumal, was heute Singlebörsen im Internet sind.

Einen Altarraum sucht man vergeblich, der hölzerne Altar steht mitten im Gebäude leicht erhöht auf zwei Stufen. In seiner Schlichtheit soll er an den Tisch des Herrn erinnern. Die Gläubigen haben so von allen Seiten freie Sicht auf den Pfarrer und seinen Gottesdienst, nichts lenkt von der Predigt und den Sakramenten ab.

Gut 1.000 Menschen finden in der Kirche Platz. Die Moderne hat in Form einer Sitzheizung Einzug gehalten. Diesen Luxus leisten sich aber nur die Mitglieder der Kirchspiele Unterreichenbach und Radmühl. Bei den Gläubigen aus den anderen Kirchspielen, die sich dies nicht leisten wollten, kühlen im rauen Vogelsberger Winter während des Gottesdienstes nicht nur die Füße aus.

Adresse Kirchstraße, 63633 Birstein-Unterreichenbach | **Pkw** A 66 bis Bad Soden-Salmünster, L 3178 bis Eckardroth, L 3196 bis Birstein, L 3195 bis Unterreichenbach (Hauptstraße), links auf K 877, gleich wieder links in Kirchstraße | **Öffnungszeiten** So ganztägig, sonst Schlüssel bei Pfarrerin Andrea Engelkamp, Tel. 06054 / 364 | **Tipp** Im Ortsteil Sotzbach (Langgasse 1) zeigt die Feuerwehrscheune eine umfangreiche, originelle Sammlung von Feuerwehrgeräten von Handdruckpumpe über Atemschutzmasken bis zum fahrtauglichen Opel-Blitz-Feuerwehrauto.

15 Das 50er-Jahre-Museum

Beamen Sie sich zurück in Wirtschaftswunderzeiten

Blumentische und Plastikblumen, Petticoats und Babydolls, original verpackte Maggi-Brühwürfel und das HB-Männchen in Lebensgröße – im 50er-Jahre-Museum kann man die Swinging Fifties (wieder-)entdecken. Sechs Räume in der historischen Herberge »Zum Schwan« sind prall mit Errungenschaften und Erinnerungen aus der spannenden Zeit zwischen deutschem Wirtschaftswunder und Rock 'n' Roll ausstaffiert und vermitteln ein ganz besonderes Lebensgefühl. Wer seine persönlichen Hits aus der Rock 'n' Rola Musicbox hören will, wirft eine Mark (am Empfang kann ein Euro gegen zwei gute alte DM-Stücke getauscht werden!) ein und wählt zwischen Elvis Presley, Bill Ramsey, Peter Kraus und Conny Froboess.

Das Ehepaar Arbeiter trägt seit mehr als 30 Jahren Einrichtungsgegenstände wie Cocktailsessel und Mamas Schlafzimmer-Spiegeltischchen mit Parfum-Zerstäuber oder technisches Gerät wie Fotoapparate und Modelleisenbahnen mit Leidenschaft zusammen. Eine Küche ist ebenso komplett und originalgetreu eingerichtet wie ein Lebensmittelgeschäft aus den 1950er Jahren und ein Friseursalon mit an Folterwerkzeuge erinnernden Lockenwicklern und Haartrocknern. An der Milchbar kann man Shakes schlürfen, die Salzstangen in den knallbunten Plastikbechern auf den Nierentischchen hingegen sind eher Ausstellungsstücke, als dass sie zum Verzehr geeignet wären. Fasziniert bestaunt man Musiktruhen mit integriertem Fernseher, Plattenspieler (mit Wechsler!) und Radio oder die aufklappbare Weltkugel mit Cognac-Schwenkern und einer Flasche Dujardin darin.

Seit 2006 wird mit Hilfe des Hessischen Museumsverbandes die Katalogisierung der Gegenstände vorgenommen. Sie legt den Grundstein für die wissenschaftliche Nutzung der »Sammlung Arbeiter«, die als Stiftung der Öffentlichkeit zugänglich bleiben wird. Das Büdinger 50er-Jahre-Museum ist eins von nur drei Spezialmuseen zu diesem Jahrzehnt in ganz Deutschland.

Adresse Auf dem Damm 3, 63654 Büdingen, Tel. 06042/950049 | **Pkw** A 45 Ausfahrt Altenstadt, B 521 / B 457 bis Büdingen, Düdelsheimer Straße, links in die Bahnhofstraße, geradeaus in die Vorstadt bis Marktplatz, hier parken, Museum liegt gegenüber | **Öffnungszeiten** Mai−Okt. Di−Sa 14−17 Uhr, So und Feiertage 10−17 Uhr, Nov.−April Di−Sa 15−17 Uhr, So und Feiertage 12−17 Uhr | **Tipp** Von Freunden − für Freunde, mit diesem Konzept hat Sabine Uhdris ihre Galerie »Lo Studio« (Schlossgasse 22) eingerichtet. Jahrzehnte war sie in Sachen Design in der ganzen Welt unterwegs und zeigt nun Wohn-, Design- und Kunstobjekte im besonderen Setting der Ausstellungsräume.

16 Der Garten Kölsch

Blühender Bürgergarten

Graslilie und Gartenschelle, Storchenschnabel und Strandflieder, Polster-Phlox und Elfenbeindistel – die botanische Vielfalt im Garten Kölsch ist beeindruckend. Den idyllischen Ort mit mittelalterlicher Kulisse halten heute Büdinger Bürger ehrenamtlich und generationenübergreifend instand, investieren jährlich mehr als 400 Arbeitsstunden.

Im frühen 19. Jahrhundert wurde der feuchte Graben an der Büdinger Stadtmauer trockengelegt, um 1860 gestaltete der fürstliche Leibarzt Dr. Ludwig Westernacher das Terrain zu einem Garten um. Vermutlich bestückte bereits er die Anlage mit heimischen Heilkräutern und Wildpflanzen. Edith Kölsch, seine unverheiratete Enkelin, pflegte, hegte und prägte den Garten, der nun ihren Namen trägt, bis zu ihrem Tode im Jahr 1985. Von ihren zahlreichen Reisen brachte die naturwissenschaftlich interessierte Hobby-Gärtnerin immer neue Pflanzen und Samen mit – meist Stauden, die sie mehr zufällig als strategisch pflanzte. Ihre große Liebe galt dem Phlox, einer Flammenblume.

Nach ihrem Tod verwilderte der Garten schnell. Immerhin machte die Senckenberg'sche Naturwissenschaftliche Gesellschaft 1987 eine Bestandsaufnahme, katalogisierte die noch vorhandenen Pflanzen. Erst Anfang des neuen Jahrtausends wurde die Anlage unter Einbeziehung der Gartenphilosophie seiner Vorbesitzerin, aber in der Formensprache unserer Zeit, unter der Ägide der Büdinger Landschaftsarchitektin Anette Schött neu angelegt und 2003 wieder eingeweiht.

Heute lustwandeln Büdinger Bürger und ihre Gäste wieder auf Wegen aus Basaltpflaster, zwischen Trockenmauern aus Sandstein und durch verschiedene Landschaftsbereiche, von Beet, Gehölz und Rosengarten bis zu feuchten Freiflächen, im extensiv genutzten Teil des Terrains. Zwischendurch rastet man unter berankten, modernen Stahl-Lauben und lässt sich von der Farbenpracht und den Düften berauschen.

Adresse Altstadt, neben Altstadtparkplatz, 63654 Büdingen | **Pkw** A 45 Ausfahrt Altenstadt, B 521 / B 457 bis Büdingen, Düdelsheimer Straße, links in Bahnhofstraße, geradeaus in die Vorstadt bis Marktplatz, hier parken, Garten ist ausgeschildert | **Öffnungszeiten** jederzeit zugänglich | **Tipp** Im Büdinger Traumwald entdecken große und kleine Wanderer an 15 verschiedenen Stationen Bach und Teich, Wildschweinsuhle und Totholzinseln, erleben Natur ganz sinnlich auf dem Schweige- oder Barfußpfad.

17__ Das Modellbaumuseum

Nimm mich mit, Kapitän, auf die Reise …

Stolze Schiffe mit gehissten Segeln, Frachtschiffe, Raddampfer, Krabbenkutter und als nautisches Highlight: neun in filigraner Kleinarbeit nachgebaute Modelle einer historischen Kriegsflotte aus dem 17. Jahrhundert – im Modellbaumuseum werden einige Schätze gehütet. Dazu gehört auch die 18 Quadratmeter große Eisenbahnanlage mit Rummelplatz, Gefängnis und Hafen. Außerdem ist ein guter Querschnitt des gesamten Spektrums des Modellbaues zu sehen, von Flugzeugen, Autos und Landmaschinen bis zu einer Bohrinsel und dem Papiermodellbau – insgesamt 180 Objekte en miniature. Viele von ihnen wurden von Vereinsmitgliedern oder Freunden des Museums als Leihgaben oder Geschenke zur Verfügung gestellt.

Gesammelt, gebaut, gepflegt und restauriert werden die Ausstellungsstücke von den mittlerweile rund 130 Mitgliedern des Modellbauclubs Büdingen (MBC). Aber nicht nur das. Alljährlich geht es während der Regatta-Saison auf den vereinseigenen Sandhofweiher (Verlängerung Vogelsbergstraße), wo die Schiffe und Boote zu Wasser gelassen werden. Hit für Kids: die wöchentlichen Bastelstunden in den gut mit den nötigen Maschinen und Gerätschaften ausgestatteten Bastelräumen des MBC.

Der Club wurde bereits 1971 gegründet und ist seither Mitglied im Deutschen Dachverband für Schiffsmodellbau und Schiffsmodellsport »nauticus e. V.« und damit auch dem Weltverband der »NAVIGA« angeschlossen. Auf ein Zuhause für ihre Schätze mussten die Vereinsmitglieder allerdings 23 Jahre warten. Erst 1994 konnte das Museum im grundsanierten Oberhof, dem ältesten Renaissancegebäude der Stadt, das als Witwensitz des Büdinger Fürstenhauses Ysenburg diente, eröffnet werden. Ziel des Vereins ist die Förderung des Schiffsmodellbaues durch Anleitungen, Jugendförderung, Betreuung und Beratung sowie die Teilnahme an Wettbewerben wie deutschen Meisterschaften oder Weltmeisterschaften.

Adresse Obergasse 23f, 63654 Büdingen, Tel. 06042/9786477 | **Pkw** A 45 Ausfahrt Altenstadt, B 521 / B 457 bis Büdingen, Düdelsheimer Straße, links in Bahnhofstraße, geradeaus in die Vorstadt, bis Marktplatz, hier parken, Oberhof ist ausgeschildert | **Öffnungszeiten** jeden 1. und 3. So 14–17 Uhr | **Tipp** Die beiden »Wilden Männer« mit ihren Wappenschilden flankieren den Durchgang vom äußeren in den inneren Burghof am Ludwigstor. Sie sollen in Vollmondnächten Schlag Mitternacht ihre Plätze tauschen. Das kann aber nur sehen, wer noch nie gelogen hat.

18 Das Sandrosenmuseum

Rosengarten aus Stein

Eine wahre Pracht ist sie, die Büdinger Sammlung von sogenannten Sandrosen. Auf einigen glitzern Kristalle wie Morgentau, andere ranken sich vielköpfig zu einem Relief oder sind paarweise verschlungen. Besonders schön zu erkennen ist die spezielle Struktur bei den solitären Sandrosen, von denen manche in sattem Gelb, andere in sandigem Rot schimmern.

Für seine weltweit einmalige Sandrosen-Sammlung hat Heimatforscher, Bildhauer, Hobby-Geologe und Museumsleiter Lothar Keil einen kongenial passenden Ausstellungsort gefunden: die beiden Sandsteintürme des Jerusalemer Tors in der gut erhaltenen Büdinger Stadtmauer.

Durch eine schmale Tür und über grobe Sandsteintreppen geht es hinein in das charmante, einzigartige Museum. Die meisten Exemplare, die Lothar Keil präsentiert, hat er selbst gefunden und ausgegraben. Neben besonders schönen Exponaten werden auch die Fundstätten auf großformatigen Fotos gezeigt.

Nachfragen nach der genauen Lage der Fundorte sind allerdings zwecklos. Die sind streng geheim! Wer will, kann sich aber für eine geologische Exkursion mit Lothar Keil bewerben. Hat man die Ehre, ausgewählt zu werden, darf man mit ihm neben Sandrosen-Fundstellen auch die vielfarbigen Sande und Gesteine der Wetterau entdecken. Beispiele hierfür sind in beeindruckender Vielfalt im Nachbarturm ausgestellt.

Die sogenannten Sandrosen sind Kristallgebilde, die sich im Laufe von Millionen Jahren im sandigen Boden der Gegend durch physikalische und chemische Reaktionen kristallisiert und gebildet haben. In der Wetterau findet man überwiegend Barytrosen. Gipsrosen entstehen in Wüstengebieten wie Mexiko, Tunesien oder Saudi-Arabien. Bei sachgemäßer Lagerung sind sie gut haltbar, einige schöne Objekte aus Mexiko und der Sahara ergänzen die umfangreiche Büdinger Sammlung.

Adresse Jerusalemer Tor, 63654 Büdingen | **Pkw** A 45 Ausfahrt Altenstadt, B 521 / B 457 bis Büdingen, Düdelsheimer Straße, links in Bahnhofstraße, geradeaus in die Vorstadt, am Jerusalemer Tor parken | **Öffnungszeiten** Fr, Sa, So und Feiertage 14 – 17 Uhr, Termine für Führungen unter Tel. 0160 / 91355473 | **Tipp** Kunstvoll-eindringliche Bildobjekte, Plastiken und Gemälde schafft der Büdinger Künstler Axel Gallun in seiner offenen Werkstatt (Auf der unteren Beude 15).

19_ Der Schrenzer

Hausberg mit Weitblick

Der knapp 300 Meter hohe Schrenzer ist der Hausberg Butzbachs. Von hier oben genießt man eine tolle Aussicht in die Wetterau, die sich mit ihrem bunten Schachbrettmuster, zusammengewürfelt aus Wiesen, Feldern, Wäldchen und bunten Fachwerkdörfern, zu den Füßen des Betrachters ausdehnt. Bis zur Burg Münzenberg und den Höhen des Vogelsberges kann man bei klarer Sicht schauen.

Die erhöhte Lage und der freie Blick, zum Beispiel auf die herannahenden, feindlichen germanischen Krieger, haben bereits die Römer dazu veranlasst, auf dem Schrenzer zunächst hölzerne, dann in der Mitte des 2. nachchristlichen Jahrhunderts zwei Wachtürme aus Stein zu bauen. Sie dienten den Legionären als Kontrollposten auf dem Grenzweg. Den hatte Kaiser Trajan (98 bis 117 n. Chr.) zur Sicherung des Römischen Reiches gegen die Germanen auch an dieser Stelle ausbauen lassen. Dieser 550 Kilometer lange Wall, der Limes, ist seit 2005 UNESCO-Weltkulturerbe und führt auf 13,5 Kilometern über die Butzbacher Gemarkung. Das erste große Erdkastell mit Mauern aus Holz und Erde drum herum wurde hier zwischen 100 und 110 n. Chr. auf einer Fläche von circa vier Hektar errichtet.

Heute vermitteln der 1957 im Auftrag der Stadt Butzbach errichtete Lehm-Holz-Fachwerkturm und der angespitzte Palisadenzaun dahinter einen Eindruck von der einstigen Beschaffenheit des Limes. Noch zu erkennen sind die Fundamente des ehemals mächtigen, wahrscheinlich dreigeschossigen römischen Steinturms.

Aber ein Besuch auf dem Schrenzer bietet noch mehr Geschichte(n): Hier baute 1814 der Freiheitskämpfer und Rektor der Butzbacher Knabenschule Friedrich Ludwig Weidig den ersten Turnplatz Hessens. In Erinnerung an den berühmten Bürger der Stadt wird vom TSV 1846 alljährlich ein Bergturnfest organisiert. Dem Theologen, Sportler, Demokraten und Freiheitskämpfer wurde unterhalb des rekonstruierten Römerturms ein Denkmal gesetzt.

Adresse Museum der Stadt Butzbach, Färbgasse 16, 35510 Butzbach, Tel. 06033/995250 | **Pkw** A 5 Ausfahrt Butzbach-Süd, B 3 (Butzbacher Straße/Weiseler Straße) bis Butzbach, rechts in Große Wendelstraße, links Bismarckstraße, rechts in Färbgasse | **Öffnungszeiten** Mo–Fr 14–17 Uhr, Sa, So 10–12 und 14–17 Uhr | **Tipp** Typisch für die dicke, am Kirchplatz noch gut erhaltene Butzbacher Stadtmauer (erbaut 1321 bis 1368) sind die nach oben spitz zulaufenden Bögen, in die an einigen Stellen (Mauerstraße) Schwippbogenhäuser gebaut wurden.

Römisches Imperium, ab 750 v. Chr.

Römer am Limes, 1. und 2. Jhd.

21 Das Weidighaus

Krieg den Palästen, Friede den Hütten!

Butzbach – eine Stadt der Revolutionäre? Im »Vormärz«, der frühen deutschen Demokratiebewegung, die mit der Nationalversammlung in der Frankfurter Paulskirche 1848/49 und der ersten frei gewählten Volksvertretung der Deutschen ihren Höhepunkt fand, schon. Das durfte Friedrich Ludwig Weidig (1791–1837) jedoch nicht mehr erleben. Weidig lebte und arbeitete insgesamt 22 Jahre in Butzbach und hat hier zahlreiche Spuren hinterlassen. Er unterrichtete zunächst an der Knabenschule, wurde 1812 Konrektor. In dieser Funktion richtete er nach dem Vorbild der Turnerbewegung den ersten hessischen Sportplatz auf dem Schrenzer ein. Er ist Pate und Namensgeber des Butzbacher Gymnasiums. Der Hessische Turnverband verleiht noch heute die Friedrich-Ludwig-Weidig-Plakette an verdiente Ehrenamtliche.

Zudem war Weidig Lektor und Mitautor des von Georg Büchner herausgegebenen Flugblattes »Der Hessische Landbote«. Er und seine Schüler übernahmen maßgeblich die Verteilung der verbotenen Schrift. Im Sommer 1834 wurden die Autoren und Herausgeber verraten, Weidig am 5. April vom Dienst suspendiert. 1835 wurde er in der Friedberger Klosterkaserne inhaftiert, im selben Jahr nach Darmstadt verlegt. Dort erkrankte er aufgrund von psychischer und körperlicher Misshandlung schwer. Am 23. Februar 1837 nahm sich Weidig völlig entkräftet das Leben.

Seit Januar 2011 trägt das Wetterau-Städtchen im Gedenken an seinen berühmtesten Bürger den Beinamen Friedrich-Ludwig-Weidig-Stadt. Ein schöner Ort der Erinnerung an diesen unerschrockenen Freigeist ist das restaurierte Weidighaus. Das ehemalige Rektoratshaus aus dem 18. Jahrhundert, in rot-weißem Fachwerk errichtet, mit hohen Bäumen drum herum und Efeubewuchs, zeigt sich selbstbewusst wie sein einstiger Bewohner, duckt sich nicht vor der mächtigen gotischen Markuskirche gleich nebenan. Eine Plakette am Hoftor erinnert an Weidig.

Adresse Kirchplatz 11, 35510 Butzbach | **Pkw** A 5 Ausfahrt Butzbach, B 3 (Butzbacher Straße/Weiseler Straße) bis Butzbach, links in Große Wendelstraße, links in Griedeler Straße, rechts auf den Kirchplatz | **Tipp** Im Schaufenstermuseum des Reisebüros Schuth (Griedeler Straße 16) werden historische Gerätschaften aus der Landwirtschaft und dem Haushalt gezeigt.

22 Bingenheimer Ried

Alle Vögel sind schon da …

Bereits aus der Ferne sieht man den Weißstorch, den Wappenvogel des NABU, über seinem Nest kreisen, er bringt der Gattin, die auf dem Gelege in luftiger Höhe brütet, das Mittagessen. Geschwader von Bläss-, Grau- und Nilgänsen üben den Formationsflug über dem Bingenheimer Ried. Grau- und Silberreiher waten durch die sumpfigen Wiesen und kleinen Tümpel auf der Suche nach Futter. Gleich nebenan grast ein zotteliges Rind. Weitere selten gewordene Bewohner des Naturschutzgebietes, nicht nur zur Brutzeit, sind Brachvogel, Roter Milan, Waldohreule und die Bekassine, der Vogel des Jahres 2013. Das Geschnatter der Vögel wird untermalt vom tausendstimmigen Konzert der Frösche – es ist mächtig was los im Bingenheimer Ried.

Das bereits 1985 deklarierte, rund 85 Hektar große Areal, in der Horloffaue westlich von Bingenheim gelegen, ist ein Kernstück im Landschaftsschutzgebiet »Auenverbund Wetterau« und gehört hessenweit zu den bedeutendsten Sumpf- und Feuchtwiesenhabitaten. Drum herum werden die Flächen ausschließlich mit Rindern örtlicher Bauern extensiv beweidet. Dadurch wächst das naturnahe Gelände um weitere 20 Hektar.

Das Betreten des Naturschutzgebietes ist nicht gestattet, ein befestigter Fußweg mit zahlreichen Informationstafeln führt jedoch vom südlichen Ortsrand von Bingenheim daran entlang. Mit etwas Glück surrt eine der vielen Libellenarten wie Mosaik- oder Binsenjungfer oder Blutrote Heidelibelle wie ein kleiner Helikopter an einem vorbei. Andere Bewohner muss man mögen: die dicken Knoblauch- oder Kreuzkröten zum Beispiel, die den Pfad kreuzen.

Auch vom 1986 errichteten, massiv hölzernen Beobachtungsturm, Treffpunkt für Fotografen, Hobby-Ornithologen, Wanderer und Radler (Zugang von Bingenheim, Riedweg), hat man beste Aussichten auf die ursprüngliche Auenlandschaft, die gefiederten Gäste und andere tierische Bewohner, ohne sie zu stören.

Adresse westlich von 61209 Bingenheim zwischen Echzell und Reichelsheim | **Pkw** A 45 Ausfahrt Staden, L 275 bis Staden, L 3188 bis Bingenheim, am Ortseingang links in den Riedweg, führt zum NSG | **Tipp** 3.000 Originalteile einer Jupitersäule wurden im Bereich eines römischen Gutshofes nahe Echzell gefunden. Originalteile der Säule werden in einem 2007 eingeweihten Raum des Museums Echzell (Lindenstraße 3) präsentiert, eine Replik steht davor.

23__ Die Sternwarte
auf dem Vulkan

Werfen Sie einen Blick in ferne Welten!

Planetenparade am Abendhimmel, Sternhaufen, galaktische Nebel, ferne Galaxien – auf dem hohen Vogelsberg ist man dem Himmel ein Stück näher und kann durch die Teleskope des Observatoriums auf dem Vulkan in die Sterne gucken. Das ist 60 Astro-Aktivisten und der Gemeinde Stumpertenrod zu verdanken, die 2008 die »Sternwarte auf dem Vulkan« neu aufgebaut und in Betrieb genommen haben. Drei Gebäude gruppieren sich nun auf einer außerhalb des Ortes liegenden Anhöhe: das Observatorium mit zu öffnender Kuppel, ein Seminargebäude sowie ein Wirtschaftsgebäude. Sterngucker interessieren besonders die Teleskope. Das Seminargebäude kann man auch privat anmieten und auf der Wiese rund um die »Vogelsberger Sternenwelt« campieren.

Vereinsmitglieder und interessierte Gäste haben hier die Möglichkeit, das Himmelszelt zu entdecken, je nach Geschmack bei Neumond- oder Teleskoptreffen, bei individuellen Führungen, bei »Spazierfahrten« über die Krateroberfläche des Mondes oder beim Astro-Camping unter fachkundiger Führung mit Blick durch ein 20-Zoll-Cassegrain-Fernrohr (Brennweite fünf Meter). Zum Equipment von und für Sterngucker(n) gehört außerdem ein 24-Zoll-Dobson-Teleskop, das größte Instrument in der Sternwarte. Das eignet sich aber nur zur Beobachtung, nicht zur Fotografie. Dafür gewährt es atemberaubende Blicke auf Details des Weltalls.

Schon mal was von Lichtverschmutzung gehört? Die Dauerbeleuchtung unserer Städte und Metropolregionen setzt sich immer mehr auch im ländlichen Raum fort. Auch auf dem hohen Vogelsberg, wo eigentlich ideale Bedingungen zur Beobachtung von Himmelskörpern in den Weiten des Alls bestehen, stören starke Lichtquellen den nächtlichen Blick. Die Gemeinde Feldatal hat deswegen ein Verbot für Skybeamer erlassen.

Adresse zwischen den Ortsteilen Stumpertenrod (Feldatal) und Unter-Seibertenrod (Ulrichstein), Pfarrholzwiese, Außerhalb 70, 36325 Feldatal, Tel. 06637 / 96020 (Gemeinde Feldatal) und 06645 / 5489545 (Sternwarte) **| Pkw** A 5 bis Ausfahrt Homberg / Ohm, L 3072 Richtung Flensungen, B 49 bis Unter-Seibertenrod, K 128 bis Stumpertenrod, Abzweig ausgeschildert **| Öffnungszeiten** Führungen und Besichtigung nach tel. Vereinbarung **| Tipp** Die größte Fachwerkhallenkirche Hessens, gebaut 1696 bis 1712, mit kunstvollen Verzierungen wie Hessenmannfiguren und Säulen steht in der Schulstraße 2.

24_Der Sauerborn

Ein Schluck auf die Gesundheit

Der Herrengarten in Staden ist ein besonders schöner und naturnaher Ort. 1872 als Erweiterung des ehemaligen Schlossparks rund um das Löw'sche Schloss vom damaligen Besitzer Freiherr vom Stein zu Staden in Auftrag gegeben, wurde er bereits 1904 als einer der ersten Parks in Deutschland unter Denkmalschutz gestellt. Im weitläufigen Landschaftspark sprudelt der Sauerborn, wahrscheinlich schon seit Römerzeiten. Die Stadtchronik erwähnt den sauren Born erstmals 1435. Mitte der 1980er Jahre drohte er zu versiegen. Die Gemeinde Florstadt investierte gut 150.000 Mark in die Umgestaltung des Areals, eine Bohrung und eine neue Steigleitung mit Saugpumpe. Nach zwei trockenen Jahren konnte der Sauerbrunnen im November 1985 wieder in Betrieb genommen werden.

Seit 2012 ist die Quelle in einen Holzpavillon mit achteckiger, barockartiger Kuppel, auf der ein Kupferdach in der Sonne glänzt, eingefasst. Das salzige Quellwasser aus tiefem Untergrund mischt sich auf seinem Weg nach oben mit Süßwasser. Seit der Brunnensanierung fließt es aus vier Hähnen. Es schmeckt nach Eisen, hat natürliche Kohlensäure und bitzelt bei jedem Schluck frisch auf der Zunge. Regelmäßige Analysen attestieren dem Wasser aus dem Sauerborn sehr gute Qualität und viele Mineralstoffe. Deswegen kommen viele Stadener Bürger und Bürgerinnen hierher, um das kostbare Nass zum Nulltarif kistenweise zu zapfen. Wanderer und Gäste können ihren Trinkbecher mitbringen oder das Wasser aus der hohlen Hand schlürfen.

Rund um den Brunnen ist ein schöner Rastplatz entstanden. Auf den Bänken lässt es sich nämlich wunderbar sitzen und die Natur genießen. Die Blätter der Baumriesen wispern leise im Wind, Vögel zwitschern ihr Lied, und der Blick schweift durchs Grün hindurch in die naturgeschützten Nidda-Auen, in denen Störche nach Fröschen suchen, Kühe und Pferde weiden und manches Insekt farbenprächtig umhersummt.

Adresse im Herrengarten, 61197 Florstadt-Staden | **Pkw** A 45, Abfahrt Florstadt Richtung Staden, L 275 bis Staden, links in Parkstraße (L 3188), rechts in Parkweg, führt zum Park mit Brunnen | **Tipp** Schloss Ysenburg (Parkstraße 20) wurde auf den Resten einer Wasserburg errichtet. Hier sitzt man heute lauschig auf der vom Mühlbach umflossenen Terrasse des Schloss-Restaurants und lässt sich Wetterauer Spezialitäten servieren.

25 Die Seufzerbrücke

Venedig liegt mitten in der Wetterau

Das malerische Dörfchen mit seinen zahlreichen schön sanierten Fachwerkhäusern, Resten der ehemaligen Stadtmauer und zwei Schlössern ist geprägt von dem Flüsschen Nidda und dem Mühlbach, der mitten durch Staden fließt. Ein Spaziergang führt den Besucher, fast wie in der italienischen Lagunenstadt, über die eine oder andere Brücke. Keinen Steinwurf vom Schloss Ysenburg entfernt, zieht die überbaute, pittoreske »Stadener Seufzerbrücke« mit kleinem Pavillon und welscher Haube (glockenförmig geschweiftes Dach) die Blicke auf sich. Bereits 1684 auf Holzpfählen über den Mühlbach errichtet, wurde die überbaute Fachwerkbrücke 1991 saniert. Heute nutzt die Besitzerin des Anwesens den Pavillon als Sommerküche. Über die Funktion der malerischen Konstruktion, die einst das stattliche Fachwerkgebäude der Carbener Ganerben mit dem »Knebelturm« verband, darf spekuliert werden. Heimatforscher Dieter Schwendemann, Vorsitzender des Verkehrsvereins Staden, weiß, dass das Gehöft, in dem man unter dem Putz wunderbare Gemälde entdeckt hat, ab circa 1730 als Gerichtsgebäude genutzt wurde.

Gingen also die Verurteilten, aber auch Frauen, denen ein Bund mit dem Teufel angelastet wurde, genau wie einst die Verurteilten in Venedig über diese Brücke zum Kerker? Seufzten die verurteilten Missetäter und unschuldigen Frauen auf ihrem Weg in den Knebelturm so oft und tief, dass die Brücke danach benannt wurde? Die Lage an der Stadtmauer und die verbindende Funktion legen die Vermutung nahe. Oder waren es doch eher Seufzer der Lust, die hier so mancher hochwohlgeborene Herr beim Liebesspiel mit seiner Mätresse ausstieß? Auch für diese Annahme geben Lage und vor allem die aufwendige Gestaltung Anlass. Kenner der Geschichte(n) Dieter Schwendemann favorisiert Letzteres. Sicher ist: Seit 2011 gilt die »Seufzerbrücke« der UNESCO als international schützenswertes Kulturgut.

Adresse Parkstraße, 61197 Florstadt-Staden | **Pkw** A 45, Abfahrt Florstadt Richtung Staden, L 275, links in Parkstraße | **Tipp** Knapp 50 Meter entfernt (Parkstraße 18) fällt eine herrschaftliche Hofreite mit ihrem aufwendig mit Schiefer gestalteten Zwerchhaus (ein- oder mehrgeschossiger Aufbau eines geneigten Daches) auf. Die Giebelseite ist in Form einer Kirche und das Zwerchhaus kunstvoll mit Sonne- und Mondmotiven gestaltet.

26__ Die Oestreich-Orgel in der evangelischen Kirche

Hier zieht man alle Register

Schlicht in den Farben Weiß, Grau und Gold lackiert und kunstvoll mit goldenen Bekrönungen verziert, ist die Orgel in der evangelischen Kirche Nieder-Moos ein meisterhaft gestaltetes, wohlklingendes Instrument. 1790 bis 1791 wurde sie von Johann-Markus Oestreich gebaut. Sein Lohn: 780 Reichstaler. Er ist ein Spross der weitverzweigten Orgelbau-Dynastie Oestreich, die über fünf Generationen den Orgelbau in Hessen, besonders im Fürstbistum Fulda, prägte.

Die Nieder-Mooser Orgel mit ihren 23 Registern auf zwei Manualen und dem Pedal sowie 15 Pfeifenfeldern ist die bedeutendste hessische Orgel aus dem Klassizismus und mit einigen Original-Prospekten Oestreichs nahezu unverändert erhalten geblieben. Namhafte Künstler aus aller Welt wie das Gewandhaus-Orchester Leipzig, Matthias Eisenberg, Ivan Rebroff, Yoshino Kawano oder die Wiener Sängerknaben musizierten bereits an und mit dem Instrument. Internationalen Ruf hat der alljährlich stattfindende Nieder-Mooser Konzertsommer, in dem die Oestreich-Orgel die Protagonistin ist.

Behutsame Erhaltungsarbeiten waren im Laufe der Jahrzehnte und Jahrhunderte immer wieder nötig. Die Licher Orgelbauer Förster & Nicolaus reparierten 1953 die Prospektpfeifen und schlossen 1955 ein elektrisches Gebläse an. 1978 wurde das Instrument generalüberholt. So präsentiert sich Hessens bedeutendste Denkmalorgel in einem einmaligen Erhaltungszustand.

Den wunderbaren Klang jedoch in Worte zu fassen ist schwer. Vielleicht trifft es rustikal-barock am besten. Auf jeden Fall beeindruckender ist es, die Nieder-Mooser Orgel zu hören. Wenn Dekanatskirchenmusikerin Diana Rieger sie im Rahmen von Führungen und Konzerten vorstellt, kann man hören, wie die Orgel unter kundigen Fingern und Füßen zum Leben erwacht und zu Ehren des Herrn jubiliert.

Adresse Kirchstraße, 36399 Freiensteinau-Nieder-Moos, Tel. 06644/7261 (Kirchen-gemeinde) | **Pkw** A 66 Abfahrt Steinau an der Straße, L 3179, dann L 3178 über Freiensteinau (Moosbacher Straße) bis Nieder-Moos, links in Kirchstraße | **Öffnungszeiten** bei Gottes-diensten, für Führungen und Besichtigungen Termin mit Diana Rieger vereinbaren unter Tel. 06666/212 | **Tipp** Kunst aus bäuerlichen Kulturgegenständen schafft Kunstbauer und Objektkünstler Claus Weber. »Agro Art« nennt er nicht nur seine Werke, sondern auch seine Galerie und das Scheunenmuseum (Seestraße 3, Ortsteil Reichlos).

27 Der Ober-Mooser See
Natur-Paradies auf dem Vulkan

Glutrot versinkt die Sonne an einem Sommerabend am Horizont, der einsam aus dem See aufragende Baum ist von zahlreichen kreischenden Vögeln als Sitzplatz heiß begehrt – ein bisschen wie in der Karibik, möchte man meinen, wenn man am Ober-Mooser See oder auf dem Damm, der den See von ein paar kleineren Fischteichen trennt, entlangspaziert. Egal, ob im Sommersonnenuntergang, an einem herbstbunten Tag oder wenn Nebelschwaden über das Wasser wabern – der Ober-Mooser See hat einen ganz besonderen Charme. Baden, Surfen, Segeln, Picknick – alles verboten hier! Denn der idyllische See ist als Naturschutzgebiet ausgewiesen. Hier hat der selten gewordene Schwarzhalstaucher, der deutschlandweit nur noch an zwei Orten brütet, seinen Nistplatz. An manchen Tagen rasten hier bis zu 1.000 Vögel, darunter Säbelschnäbler und Wattvögel, die hier auf ihrer Durchreise Station machen und ordentlich Wegzehrung fassen.

Aber auch andere bedrohte Tierarten wie der Randring-Perlmuttfalter, ein Relikt aus der letzten Eiszeit, Frösche und weitere Amphibien finden hier eine Heimat. In den anschließenden Feuchtgebieten – nicht solchen wie von Charlotte Roche beschrieben, sondern Grünland und Borstgrasrasen – gedeihen Raritäten wie Arnika oder Sumpfblutauge. Über allem schwirren farbenprächtige Libellen und 1.000 weitere Insekten.

Wie die übrigen Vogelsberger Teiche und Seen auch wurde der Ober-Mooser See von Menschenhand geschaffen – dieser zur Karpfenzucht. Als der Ober-Mooser Teich Anfang 2000 verkauft werden sollte und das ausgewiesene Naturschutzgebiet durch intensive Nutzung bedroht war, hat der NABU Hessen mit Unterstützung vieler anderer Natur- und Umweltschützer das Areal nach zahlreichen Spendenaktionen für 600.000 Euro gekauft. Ein Naturerlebnispfad mit Unterständen und Beobachtungsmöglichkeiten wurde seither für Naturfreunde und (Hobby-)Ornithologen geschaffen.

Adresse 36399 Freiensteinau-Ober-Moos an der L 3181 | **Pkw** A 66 Abfahrt Steinau an der Straße, L 3179, dann L 3178 bis Freiensteinau, L 3181 bis Ober-Moos | **Tipp** In Heidis Bauerncafé (Friedhofstraße 5) gibt es die besten hausgemachten Kuchen und Torten. Hit: Hensen-Jensen-Torte.

28__ Die Burganlage

In meiner Burg, da bin ich König

Die Friedberger Burganlage umfasst 3,9 Hektar und ist damit die größte Burg Deutschlands. Erbaut wurde sie zwischen 1171 und 1180 von Kuno von Münzenberg, vermutlich im Auftrag Kaiser Barbarossas, und entwickelte sich schon bald zu einem politischen Gebilde ganz eigener Art. Zum Schutz der Reichsburg rekrutierte Barbarossa nämlich »unfreie« Dienstmannen aus den umliegenden Dörfern, die als »Ritter« oder »Burgmannen« zunächst militärische, später auch administrative Aufgaben übernahmen. Die Burgmannhäuser und -höfe derer von Löw zu Steinfurth, von Bellersheim oder Riedesel prägen noch heute das Bild der Anlage. Im 15. Jahrhundert war die Burg sogar mit Stimme und Sitz im Reichstag vertreten und beherrschte die angrenzende Reichsstadt. Erst 1806 büßte sie ihre territoriale Eigenständigkeit ein.

Heute ist die Anlage ein herausragendes kulturelles Denkmal, dessen Existenz zuletzt am 29. März 1945, als amerikanische Panzer in Position gingen, um die Kapitulation zu erzwingen, auf Messers Schneide stand. Kapitulation war dem Kommandanten qua Durchhaltebefehlen aus Hitlers Hauptquartier bei Todesstrafe verboten. Es war Major Smith, Befehlshaber des Panzerbataillons, der in die Burg fuhr und Kommandant Wölk zur Übergabe bewegte. Hätte der anders entschieden, wäre die Burg Friedberg vom bereitstehenden Fliegergeschwader und Panzern dem Erdboden gleichgemacht worden. Major Smith ist heute ein Platz mit Erinnerungstafeln gewidmet.

Sehenswert neben dem Burggrafiat, dem Sitz der Burgherren, und den Burgmannhöfen ist der Adolfsturm. Der wurde vom Lösegeld für den 1347 festgesetzten Graf Adolf von Nassau im Norden der Festung erbaut. Mittlerweile ist der 58 Meter hohe, runde, begehbare Turm mit Wehrgang und vier markanten Erkern das älteste erhaltene Burgelement. Auch ein Spaziergang durch den schönen Garten aus dem 18. Jahrhundert lohnt sich.

Adresse In der Burg, 61169 Friedberg | **Pkw** A 5 Ausfahrt Friedberg, B 275 / B 456 (Homburger Straße) bis Friedberg, links in Kaiserstraße, führt geradeaus zur Burg | **Tipp** Im Wetterau-Museum (Haagstraße 16) wird die Geschichte der Wetterau mit Ausstellungen von der Vorgeschichte, den Kelten und Römern bis ins Mittelalter und die Neuzeit aufbereitet. Highlight: ein vollständiger Kolonialwarenladen aus dem frühen 19. Jahrhundert.

29__ Das Judenbad

Über 72 Stufen muss man gehen …

Geht man durch die Friedberger Judengasse, vermutet man hinter der Fassade des neugotischen Gebäudes (errichtet 1903) nicht den Kulturschatz, der dort unter dem Haus schlummert. Im Hinterhof geht es durch einen gewölbten Kellerhals hinab in eines der wenigen in Deutschland erhaltenen jüdischen Ritualbäder.

Der Schacht der Mikwe misst etwa 5,5 Meter im Quadrat. Nur spärlich fällt Licht durch das gläserne Oktagon im Scheitel des Tonnengewölbes. Feucht ist es an diesem magischen Ort, duster und ein bisschen spooky.

Über die 72 Sandsteinstufen, die von reich verzierten Wendeposten getragen werden, steigt man 25 Meter in die Tiefe, hinab zum Wasser. Das steht um die fünf Meter hoch im Schacht, bei steigendem Grundwasser sind auch mal die untersten Treppen überflutet. Totenstille umgibt den Besucher. Durch das grünlich schimmernde Wasser kann er den felsigen Grund der Mikwe erkennen.

Die kunstvoll bearbeiteten Säulen, Kapitelle, Halbbögen und das Quadermauerwerk sind aus rotem Bellmuther Sandstein gefertigt. Daraus wurde auch die gotische Friedberger Stadtkirche zu großen Teilen gebaut. Neben dem verwendeten Material und der Ausführung verweist die in einer Nische eingemeißelte Jahreszahl 1260 auf die Entstehungszeit des Ritualbades.

Ein »Judenbad« ist keine öffentliche Badeanstalt, vielmehr dürfen es die Gläubigen erst nach gründlicher Reinigung betreten, um das rituelle Tauchbad durchzuführen. Das wird Männern vor dem Sabbat und an hohen Feiertagen empfohlen. Frauen besuchen die Mikwe vor der Hochzeit, nach einer Geburt und jeder Menstruation. Durch das Untertauchen in »lebendigem«, also fließendem Wasser werden sie spirituell gereinigt.

Um dieses Bad einrichten zu können, musste man in Friedberg tief graben, bis man auf eine grundwasserführende Schicht stieß. Die Wassertemperatur liegt zwischen sieben und zehn Grad.

Adresse Judengasse 20, 61169 Friedberg, Tel. 06031 / 88215 (Wetterau-Museum) | **Pkw** A 5 Ausfahrt Friedberg, B 275 / B 456 (Homburger Straße) bis Friedberg, links in Kaiserstraße, rechts in die Usagasse, Judengasse links | **Öffnungszeiten** Di – Fr 9 – 12 und 14 – 17 Uhr, Sa, So 10 – 12 und 14 – 17 Uhr | **Tipp** Seit Juni 1777 gibt es eine Freimaurerloge in Friedberg. Erster Meister vom Stuhl war Johann Wilhelm Löw zu Steinfurth. Noch heute verweist ein Schild (Ludwigstraße 30) auf die geheimnisumwitterte Bruderschaft.

30__ Das Rosentalviadukt

Kunst beim Eisenbahnbau

24 mächtige Hallen, unterteilt durch vieleckige Pfeilervorbauten, sind das stilprägende Element des Viaduktes, weswegen die Eisenbahnbrücke im Volksmund auch schlicht »24 Hallen« heißt. Die im Stil römischer Aquädukte errichtete Brücke aus Sandstein führt in 16 Metern Höhe auf einer Länge von 275 Metern über das Usatal zwischen Friedberg und Bad Nauheim. Das Rosentalviadukt wurde zwischen 1847 und 1850 als Teil der Streckenführung der Main-Weser-Bahn gebaut, ist noch heute eines der bedeutendsten Bauwerke auf der Strecke und war bis 1982 in Betrieb. Mit seiner Größe und aufwendigen künstlerischen Gestaltung ist es einmalig in Hessen.

Die prächtige Architektur mit den beeindruckenden Sandsteinbögen verdankt das Viadukt wohl der Nähe zur Friedberger Burg und der direkten Sichtachse von dort auf das monumentale Bauwerk. Denn anno 1847 diente die Festungsanlage den Großherzögen von Hessen-Darmstadt als Residenz, und die hohen Herren wünschten einen möglichst repräsentativen Ausblick. Vermutlich war es der großherzogliche Baurat Georg Moller, der die mächtige Eisenbahnbrücke geplant hat. Der Mainzer Architekt Peter Hochgesandt leitete den hiesigen Bauabschnitt.

Heute führt eine moderne Eisenbahnbrücke aus Beton, die wesentlich höhere Geschwindigkeiten erlaubt, parallel über das Tal und ersetzt die historische Eisenbahnbrücke in ihrer Funktion.

Beinahe wäre dieses bauhistorisch wertvolle Objekt aus Kostengründen von der Deutschen Bahn weggesprengt worden. Ein Planfeststellungsverfahren von 1976 gestattete dies. Engagierte Bürger und die Stadt Friedberg konnten diese Pläne 1982 verhindern. Seither steht das Rosentalviadukt unter Denkmalschutz. 1993 verkaufte die Bahn das Bauwerk jedoch an einen privaten Investor, der dort Hessens größte Solaranlage errichten wollte. Wollte! Denn die Kommune vereitelte diese Pläne.

Adresse An den 24 Hallen, 61169 Friedberg | **Pkw** A 5 Ausfahrt Friedberg, B 275 / B 456 (Homburger Straße) bis Friedberg, links in Kaiserstraße, ab Burg weiter geradeaus auf B 456 (Gießener Straße), rechts in Am Burgberg, rechts in Mühlweg, der unterquert das Viadukt | **Tipp** Im Keller des heutigen Burg-Gymnasiums (Burg 8) sind die Reste eines römischen Bades gefunden und integriert worden. Besichtigung möglich.

31__ Die Edelbrennerei Weidmann & Groh

Die Meister der Geister

Das Beste, was aus einer Ockstädter Kirsche und anderen Früchten werden kann, sind edle Destillate, wie sie in der Edelbrennerei Weidmann & Groh hergestellt werden. An die 25 Sorten Hochprozentiges – vom Ockstädter Kirschwasser bis zum Apfelbrand im Eichenfass gereift, vom Holunder- bis zum Himbeergeist, vom Mirabellen- bis zum Sauerkirschlikör – stellt der staatlich geprüfte Brennmeister Norman Groh in dem 1986 errichteten Betrieb her. Das verwendete Obst stammt überwiegend aus der eigens für die Edelbrennerei angelegten Obstplantage.

Besonders der Kirschenanbau hat in Ockstadt eine lange Tradition. Das Dorf an den Taunushängen ist auch als Kirschendorf bekannt. So kann man an zahlreichen Ständen und Büdchen in den Obsthainen und an den Ausfallstraßen während der Ernte die knackigen Früchtchen direkt beim Erzeuger kaufen. Eine Pracht ist es, wenn Hunderte von Bäumen in voller Blüte stehen und man bei einer Kirschblütenwanderung über den alten Ockstädter Kirschenberg geht.

Zur Brennkunst von Norman Groh gehört die Übersicht über den gesamten Produktionsablauf – vom Anbau bis zur Ernte, vom Maischen und Destillieren bis zum Abfüllen. Zunächst werden die Früchte mit Hefekulturen eingemaischt und der Gärung überlassen, während der Alkohol entsteht. Nach vier bis sechs Wochen kommt die Maische in den Bauch des kupferfarbenen Brennkessels, wo sie zum ersten Mal gebrannt wird. Bei konstanter Temperatur kondensiert im Laufe des Brennvorgangs der Alkohol, an den die Aromen der Früchte gebunden sind. Der Dampf steigt durch ein Rohrleitungssystem auf, kühlt ab und tropft aus der Tülle heraus. Norman Groh brennt das erste Destillat dann ein zweites Mal, trennt dabei Vorlauf und Nachlauf sauber von der Quintessenz der Früchte, dem Hauptlauf, ab. Probieren ist im Hofladen möglich.

Adresse Ober-Wöllstädter-Straße 3, 61169 Friedberg-Ockstadt, Tel. 06031/13060 | **Pkw** B 275, links Ausfahrt Ockstadt, K 12 (Friedberger Straße) bis Ockstadt, in Ortsmitte links in die Ober-Wöllstädter-Straße | **Öffnungszeiten** Do, Fr 10–12 und 16–18 Uhr, Sa 10–16 Uhr | **Tipp** Ein exotisches Vergnügen bietet die Alligatoren-Farm (Usinger Straße 50). Hier leben 40 Mississippi-Alligatoren, ein Nil- und ein Kuba-Krokodil sowie zahlreiche Schlangen. Man kann die Tiere nicht nur anschauen, sondern auch streicheln und mit ihnen schwimmen.

32__ Die Seifensiederei
Echt dufte!

Ein Rausch für die Sinne: rote, gelbe, blaue, grüne und marmorierte Seifen, mit Blüten und Kräutern, als Stück oder Badebomben, reihen sie sich nach Duftnoten sortiert auf den schlichten Regalen. Der olfaktorische Sinn wird von 1.000 und einem Duft betört. Lavendel, Rose, Zitrusfrüchte oder exotisch von Drachenblut bis Ambra mit Ingwer – wer die Auswahl treffen soll aus dem vielfarbigen und duftenden Angebot naturreiner Seifen, der hat die angenehme Qual.

Alle Seifen werden ausschließlich mit unbehandelten Zutaten wie Ölen, Shea- oder Kakaobutter aus kontrollierter biologischer Produktion hergestellt. Zusätze sind ätherische Öle, Blüten, Kräuter und deren Extrakte ebenso wie Heilerden und mineralische Farben.

Dass bereits Kleopatra in Milch und Honig gebadet hat, das wissen wir. So kommen auch diese Zutaten oder Sahne in manche Seifenkompositionen der Seifenmacherin Hildegard Markolf. Die gelernte Arzthelferin kam 1992 zur Seife – weil sie eine Duftallergie hatte und es damals noch keine geruchsneutralen Tenside gab. Bereits die Großmutter der Familie wusste, wie man Seife macht. Zumindest Kernseife. Auf dieser Grundlage wurde und wird Seife seither in Eigenproduktion in der Familie hergestellt. Insgesamt 13 Jahre experimentierte Hildegard Markolf, später zusammen mit Gatte Rainer, mit verschiedenen Grundsubstanzen, Düften und Zutaten. 2005 wurde die Garagenwerkstatt im eigenen Haus in Betrieb genommen und die Seife auf Märkten und Festen verkauft.

Der Umzug in die schönen Räume im Schloss Gedern fand 2008 statt. Hier werden nun die selbst gemachten Seifen aus Olivenöl und besonders milde Leimseifen mit niedrigem PH-Wert und Düften verkauft. Die naturreinen Produkte der Gederner Seifensiederei müssen sechs Wochen »reifen«, bevor man sie benutzen kann. Deswegen kleben kleine Schildchen mit Verbrauchsdatum auf jedem einzelnen Stück.

Adresse Schlossberg 9, 63688 Gedern, Tel. 06045 / 955622, www.gederner-seifen.de | **Pkw** B 275 bis Ortsmitte, über die Mühlstraße zum Schloss Gedern | **Öffnungszeiten** Di–Fr 11–17, Sa 11–16 Uhr, Mai–Sept. außerdem So 10–12 und 14–16 Uhr | **Tipp** Im historischen Gederner Backhaus mit schönen Sgraffitoarbeiten (Kratzputz) in der Lauterbacher Straße / Ecke Marktstraße backen die Gederner Landfrauen noch heute einmal in der Woche Brot und Kuchen.

33__ Die Weidenkirche

Ein Gotteshaus im Herzen der Natur

Die Weidenkirche in Steinberg ist ein luftiger Ort der Andacht und des Gottesdienstes, denn sie wurde – nomen est omen – nur aus Weidenzweigen errichtet. Näher kann man Gottes Schöpfung beim Kirchgang nicht sein! Im Frühjahr grünt und sprießt es, im Sommer spendet das Blätterdach Schatten, im Herbst färbt sich das Laub. Eine schöne Idee, die der Naturkünstler Thomas Hofmann aus dem benachbarten Burkhards an die Gemeinde in Steinberg herantrug. Er wollte eine Kirche aus Zweigen und Ästen bauen und suchte ein Grundstück für sein Werk. Dieses war bald gefunden, in Hanglage und mit altem Obstbaumbestand. Schnell war man sich einig, und im Februar 2003 zog eine große Helferschar aus, um den ersten Schwung Kopfweiden zu schneiden. Die Äste waren bis zu sieben Meter lang und mussten im Wasserbad erst einmal Wurzeln ziehen, bevor sie auf dem vorgesehenen Bauplatz »Am Michels Rain« eingepflanzt werden konnten.

Die für das Kirchlein nötige Fläche wurde, weil am Hang gelegen, eingeebnet. Mit Erdbohrern wurden dann 70 Zentimeter tiefe Pflanzlöcher angelegt und die Weiden gesetzt. Dann begann die Arbeit des Naturkünstlers: Er flocht, bog und verwob die Zweige so miteinander, dass sie ein stabiles Kirchenschiff bilden. Rosenbüsche wurden am Eingang gepflanzt. Die blühen ab Frühsommer prächtig und blutrot. Alle Blumen und Pflanzen, die rundum in großer Zahl gedeihen, sind Ableger aus den Gärten und Spenden der Steinberger Bürger für das außergewöhnliche Kirchlein.

Die Basaltsteine, die bei den Erdarbeiten zum Vorschein kamen, stabilisieren heute den Hang und bilden einen wunderschönen Steingarten. Der Innenraum der Weidenkirche ist mit Motiven wie Kelch und Fischen gepflastert. Mini-Altar und ein ebensolches Taufbecken wurden aus rotem Sandstein gefertigt. Die groben Sitzbänke kommen aus dem örtlichen Sägewerk. Bis zu 100 Besucher finden in dem Gotteshaus Platz.

Adresse außerhalb von 63688 Gedern-Steinberg | **Pkw** B 275 bis Merkenfritz, ausgeschildert ab Ortsmitte (Merkenfritzer Straße) | **Tipp** Circa 500 Meter südlich der L 3185 zwischen Steinberg und Glashütten überspannt an einem lauschigen Platz am Flüsschen die historische Eselsbrücke, eine steinerne Gewölbebrücke, die Nidder.

34 Das Uniformenmuseum

Krieg und Frieden

Weltweit gibt es kein Museum, das so viele Uniformen zeigt wie das in Nieder-Gemünden. Die Sammlung sei umfangreicher als die des britischen Armeemuseums oder die der Bundeswehr, sagt der Leiter des Privatmuseums Artur Czarski. Mittlerweile verteilen sich seine Ausstellungstücke, darunter 600 selbst gebaute und uniformierte Puppen sowie unzählige Ausrüstungsgegenstände, auf 5.000 Quadratmetern in einer ehemaligen Molkerei. Von unterschiedlicher Statur und mit individuellen Gesichtern, vermittelt diese Armee einen sehr lebendigen Eindruck.

Der Sammlungsschwerpunkt liegt auf der Zeit nach 1945. Stolz steht ein Admiral aus Sowjetzeiten in seiner ordensgeschmückten Paradeuniform da. Auf den Paradedolch, der dazugehört, ist Czarski besonders stolz. Eine Rarität ist das Outfit der Highlander Fusiliere im Militärkilt. In dem Outfit haben die Schotten in den 1950er Jahren in der Rheinarmee gedient. Fesch ist auch die Uniform von Paul Werner Hozzel, Commodore eines Stukka-Geschwaders, der 700 Feindflüge überlebt hat und mit dem Ritterkreuz geehrt wurde. Er überstand elf Jahre in Kriegsgefangenschaft und tat nach seiner Rückkehr 1956 gleich wieder Dienst als General in der Bundesluftwaffe. Sein Porträt und seine Biografie ergänzen die Szene.

Wenn Sie wissen wollen, was ein GUvD oder ein OVP bei der NVA (Nationale Volksarmee) war oder was es mit Reservistenhüten auf sich hat – der ehemalige Bundeswehrsoldat und heutige Hauptfeldwebel der Reserve Artur Czarski kann alle Fragen zu Uniformen, Abzeichen, Armee-Geschichte und Ausrüstungsgegenständen beantworten. In seiner Sammlung befinden sich weitere Raritäten wie die Ausgehuniform eines Fregattenkapitäns, aber auch Bundeswehrschlafanzüge und Haarnetze für die langhaarigen Rekruten der 1970er Jahre oder die Gasmaskentasche eines amerikanischen Offiziers aus dem Ersten Weltkrieg, an der noch der Dreck des Einsatzes klebt.

Adresse Feldastraße 36, 35329 Gemünden (Felda)-Nieder-Gemünden, Tel. 06634/918277 | **Pkw** A 5 bis Ausfahrt Homberg/Ohm, L 3072 bis Bernsfeld, L 3146 (Feldstraße) bis Nieder-Gemünden, Kreuzung Wiesenweg | **Öffnungszeiten** nach tel. Vereinbarung | **Tipp** Auf einem vorspringenden Felsen thront die mächtige Burg (am Schlossberg) im Ortsteil Burg-Gemünden über der Ohmfurt. Erbaut zwischen 1246 und 1271 von Graf Gottfried von Ziegenhain, ist sie in weiten Teilen erhalten und teils restauriert.

35 Die Keltenwelt am Glauberg

Archäologische Sensationsfunde

Er sieht beinahe aus wie Micky Maus mit seinen abstehenden Ohren, von denen Archäologen bis heute nicht genau wissen, ob das
wirklich Ohren sind, ob die Gebilde zum Kopfschmuck des Keltenfürsten gehörten oder ob sie kultische Bedeutung hatten. Fakt ist:
Die Statue wurde höchstwahrscheinlich aus regionalem Sandstein
gefertigt, ist stolze 1,86 Meter hoch und wiegt gut 230 Kilo. Das
Phänomenale: Sie hat die Jahrhunderte so gut wie unbeschädigt
überstanden. Nur die Füße fehlen. Einst stand der Keltenfürst wahrscheinlich auf einem Sockel. Er ist mit einem Brustpanzer beklei-
det, mit der linken Hand hält er ein Schild. Die rechte Hand ruht auf
seiner Brust. Seiten- und Rückansicht der Statue zeigen ein an der
rechten Seite gegürtetes Schwert.

Die Keltenwelt am Glauberg besteht aus dem 2011 eröffneten
Museum, in dem neben der Statue Funde aus den Gräbern, die
2.500 Jahre im Erdreich schlummerten, gezeigt werden, dem Ar-
chäologischen Park und dem Forschungszentrum. Über die Bebau-
ung des ehemaligen keltischen Fürstensitzes ist nur wenig bekannt,
weil diese Siedlungsreste durch mittelalterliche Überbauung weitge-
hend zerstört wurden. Umso reicher sind dafür die Grabbeigaben,
die man bei den Ausgrabungen von 1994 bis 1997 in den Fürsten-
gräbern 1 und 2 fand: ein goldener Halsreif mit knospenförmigen
Zierstücken, der Bügel einer bronzenen Fibel oder eine reich verzierte
bronzene Schnabelkanne zum Beispiel.

Beeindruckend sind auch die Ausmaße der Anlage. Denn die
Grabmale bestanden nicht nur aus den Hügeln. Diese waren vielmehr eingebunden in weitläufige Grabenwerke. Vom gewaltigen
Fürstengrabhügel 1 (48 Meter Durchmesser und sechs Meter Höhe)
mit einem Graben rundum führten über 350 Meter weit zwei paral-
lele, knapp sieben Meter breite und drei Meter tiefe Gräben im Ab-
stand von zehn Metern – wohin? Die Bedeutung dieser sogenannten Prozessionsstraße ist noch nicht geklärt.

Adresse Am Glauberg 1, 63695 Glauburg-Glauberg, Tel. 06041/823300 | **Pkw** A 45 Ausfahrt Altenstadt, B 521 bis Lindheim, L 3191 bis Glauberg, ausgeschildert ab Ortseingang | **Öffnungszeiten** Di–So 10–18 Uhr | **Tipp** Der archäologische und naturkundliche Lehrpfad (Am Glauberg) erklärt an 21 Stationen die Funde auf dem Plateau des Glaubergs. Das ist ein besonderer Ort, er bietet Ausblicke in die Kulturlandschaft Wetterau und Einblicke in deren Geschichte.

36 Die Art-déco-Kirche

Kleinod der Klassischen Moderne

Aus Sandsteinquadern gebaut, kompakt und innen für eine Kirche außergewöhnlich gestaltet – entworfen hat die in Form und Ornamentik typische Art-déco-Kirche der Gelnhäuser Architekt Rudolf Breuer. Die Kunst und Architektur zwischen den beiden Weltkriegen zitierten Elemente des Jugendstils, Futurismus und Funktionalismus. So dominiert im Kirchenraum auch die Farbe des Jugendstils: kräftiges Blau. An den Seiten sind mit reduziertem, prägnantem Pinselstrich allegorische Szenen gemalt. Der Künstler: Reinhold Schön. Fertiggestellt und eingeweiht wurde das katholische Gotteshaus 1927.

Die Figuren der gottesfürchtigen Gruppe auf der linken Seite (vom Altar aus gesehen) halten Lilien in den Händen, die weniger gottgefällige Gruppe wird von abgestorbenen Baumstümpfen flankiert. Das Bild wirkt angesichts fortschreitender Umweltzerstörung aktueller denn je. Das Deckengemälde zeigt Jesus Christus mit dem Buch des Lebens in seiner Hand. Über seinem Kopf fliegt eine Taube als urchristliches Symbol. Darüber das Auge als Sinnbild Gottvaters. Kaum zu glauben, dass diese prächtigen und beeindruckenden Wandgemälde Ende der 1940er Jahre komplett mit weißer Farbe übertüncht und der wertvolle Altar zerlegt wurde.

Im Zuge einer erneuten Renovierung wurden bei Kratzproben jedoch die Kunstwerke unter der Dispersionsfarbe wiederentdeckt, der kunsthistorische Wert stand schnell außer Frage. Nach fast zweijähriger Restaurierung erstrahlte die Art-déco-Kirche wieder in altem Glanz und wurde am 1. Dezember 1996 der Gemeinde übergeben. Der zerlegte, wertvolle dreiflügelige Altar wurde von der Stockheimer Kunsthistorikerin Gisela Spruck nach alten Fotos und Vorlagen restauriert. Er bildet drei Kirchenfürsten ab: Petrus Canisius, 1925 heiliggesprochen, den heiligen Judas Thaddäus, Patron und Namensgeber der Kirche, und Bonifatius, von 745 bis 754 Bischof zu Mainz.

Adresse St. Judas Thaddäus, Sudetenstraße 3, 63695 Glauburg-Stockheim, Tel. 06041/223 (Pfarrbüro) | **Pkw** A 45 Ausfahrt Altenstadt, B 521 bis Lindheim, L 3191 (Vogelsbergstraße) bis Stockheim, am Ortsausgang links in Sudetenstraße | **Öffnungszeiten** täglich 9–18 Uhr | **Tipp** Im Bahnhof der Nachbargemeinde Glauberg (Heegheimer Straße 14) ist kulinarisches Leben eingezogen. Im schön sanierten Gebäude und dem weitläufigen Biergarten kommen alle – Feinschmecker, Wanderer, Radfahrer – auf ihre Kosten.

37 Der Modellbahnhof

Bitte einsteigen!

Lokomotiven rattern über die Gleise, Loks rangieren in Bahnhöfen, an unbeschrankten Bahnübergängen wird kräftig getutet. Autos fahren wie von Geisterhand gesteuert durch die originalgetreu nachgebaute Landschaft am Fuße des Vogelsberges, und auf Knopfdruck setzt sich das Karussell auf dem Ortenberger Markt in Bewegung. Die Feuerwehr fährt mit Tatütata zum Einsatz. Richtig was los im Modellbahnhof in Stockheim. Der ist nicht nur für Kinder ein Paradies, auch erwachsene Eisenbahnfreunde sind begeistert und können hier Stunden verbringen.

Im ehemaligen Empfangsgebäude des Stockheimer Bahnhofs leben Matthias Koch und Harald Steinke seit 2006 einen Jugendtraum. Beide sind seit Kindertagen Modelleisenbahner der Baugröße H0. Steinke hatte bereits den gesamten Dachboden seines Hauses mit Modelleisenbahnen ausgebaut. Als die Deutsche Bahn das Bahnhofsgebäude nicht mehr nutzte und es gern veräußern wollte, schlug die Stunde der beiden Stockheimer. Die Verhandlungen mit der Bahn zur Realisierung des ambitionierten Projektes waren nicht immer einfach. Doch im März 2006 war es dann endlich soweit, sie konnten die im Jahr 1870 gebaute Empfangshalle plus Nebengebäude und Freiflächen kaufen und mit der Einrichtung des Modellbahnhofes beginnen.

Im Wartesaal der 1. Klasse wird die ehemalige Bahnstrecke von Stockheim nach Gedern dargestellt, die für den Personenverkehr 1975, für den Güterverkehr 1984 stillgelegt wurde. Bisher wurden gut ein halber Kilometer Schienen verlegt und die Städtchen mit ihren Sehenswürdigkeiten und landschaftlichen Details originalgetreu im Maßstab 1:87 nachgebaut. Auf der H0-Strecke fahren überwiegend Loks und Züge aus den 1970er Jahren. Nebenan und auf der Freifläche ist eine kleine Schweiz entstanden. Hier rattert eine Lehmann Gartenbahn, kurvt der Bernina-Express, und eine Gondel erschließt den höchsten Gipfel der Modelllandschaft im Freien.

Adresse Bahnhofstraße 51, 63695 Glauburg-Stockheim | **Pkw** A 45 Ausfahrt Altenstadt, B 521 bis Lindheim, L 3191 (Vogelsbergstraße) bis Stockheim, am Ortseingang ausgeschildert | **Öffnungszeiten** Fr, Sa 14.30–17.30 Uhr, So, Feiertage 11–17.30 Uhr | **Tipp** In der ehemaligen Güterhalle des Stockheimer Bahnhofes haben Matthias Koch und Harald Steinke eine kleine, feine Kulturhalle installiert. Hier gibt es Musik, Lesungen und Feste.

38 Das Muna-Museum

Hochexplosiv!

Das Muna-Museum in Bermuthshain wurde 2011 als Gedenkstätte zur Geschichte der von 1936 bis 1945 im Oberwald ansässigen Luftmunitionsanstalt eingeweiht. In seiner Konzeption ist es das erste und einzige Museum seiner Art. Die Muna war eine von 74 militärischen Einrichtungen der Luftwaffe, in der Hunderte von Menschen, auch Zwangsarbeiter aus osteuropäischen Ländern, unter gefährlichen Bedingungen gearbeitet haben. Es waren überwiegend junge Frauen, die hier Bomben, Flakmunition und Bordwaffen mit Sprengstoff füllten, Zünder einbauten und die hochexplosiven Sprengkörper dann transportfertig verpackten und verluden. Einige von ihnen kamen bei Explosionen der Sprengsätze ums Leben.

Beim Herannahen amerikanischer Panzerverbände wurden Bunker und Produktionsanlagen gesprengt, was übrig war, nach Kriegsende geplündert.

Nach 1945 entstand auf dem Muna-Gelände ein Berliner Ferienlager, danach ein amerikanisches Versorgungsdepot und NATO-Lager. Zahlreiche neu gegründete Firmen siedelten sich ebenfalls auf dem gefährlichen Terrain an, denn bis heute schlummern Blindgänger und Munition im Oberwald.

Das Museum im ehemaligen Schulhaus ist in zwei Bereiche aufgeteilt: die Muna-Geschichte bis 1945 und die Geschichte von 1945 bis heute. Ausgestellt wird unter anderem eine entschärfte Bombenhülle. Auf eine Stoffbahn als Collage sind die Pässe osteuropäischer Zwangsarbeiterinnen gedruckt. Eine Fotowand zeigt Szenen aus dem Alltag in der Fabrik. Zahlreiche Texte informieren über die Muna im Kontext zur NS-Diktatur oder die Luftangriffe auf das Gelände im März und Mai 1945. Am Mediendisplay kann man einer Zeitzeugin lauschen, die ihre einst auferlegte Schweigepflicht bricht und über ihre Arbeit und die wirtschaftliche Bedeutung der Luftmunitionsanstalt für die Region berichtet. Seit Mai 2013 hat das Museum eine Außenstelle in einem zu Beginn der 1980er Jahre errichteten Bunker.

Adresse An der Alten Schule 7, 36355 Grebenhain-Bermuthshain, Tel. 066447/9180032 | **Pkw** B 275 bis Oberwald, L 3181 (Fuldaer Straße) bis Bermuthshain, rechts in Birkenweg, wieder rechts in An der Alten Schule | **Öffnungszeiten** Sa 14–17, So 10–17 Uhr und nach Vereinbarung unter Tel. 06644/1471 (Carsten Eigner) | **Tipp** Beeindruckende Basaltsäulen, ein Feuchtbiotop und bizarre Basaltbrocken machen den Steinbruch Klöshorst (an der L 3168 zwischen Grebenhain und Ilbeshausen) zu einem lohnenswerten »Stopover«.

Zu Beginn des Krieges arbeiteten im laufenden Muna-Betrieb neben dem Fachpersonal etwa 200 zivile Personen. Die meisten stammten aus den naheliegenden Gemeinden. Das Gelände durfte nur mit Sonderausweisen betreten werden. Die Beschäftigten unterlagen strengster Schweigepflicht hinsichtlich ihrer Arbeit in der Muna und deren gesamter Existenz.

39___Die Skisprungschanze

Flieg, Adler, flieg!

Sie ist nicht zu übersehen, die 1968 erbaute Bermuthshainer Skisprungschanze auf dem Höllerich. Die frei stehende Holzkonstruktion auf sieben Böcken thront hoch oberhalb des auf 570 Meter gelegenen Vogelsbergdorfes und wird heute von zwei Windrädern flankiert. Nach 40 Metern Anlauf flogen die Skispringer damals in das vor ihnen liegende Tal. Heute ist die Schanze das letzte Wahrzeichen Vogelsberger Wintersportkultur, fürs Skispringen allerdings nicht mehr zu nutzen.

Die einst moderne Anlage mit Mattenbelag wurde 1970 als Wilhelm-Dillenmuth-Schanze eingeweiht. Dillenmuth war Revierförster in Bermuthshain und ließ 1886 beim ortsansässigen Holzdreher Friedrich Jost die ersten Skier im Vogelsberg anfertigen. Die entwickelten sich zu einem »Exportschlager«. Aus dem Nebenerwerb entstand eine kleine Skimanufaktur. Die Nachfahren des Friedrich Jost betreiben noch heute die Firma Ski Luft in Bermuthshain.

Die Skisprungschanze steht seit 2003 unter Denkmalschutz, denn sie gilt als die letzte noch erhaltene aus Holz gebaute Skisprungschanze in Deutschland. Nach der Einweihung wurde sie von Sportvereinen aus der Region und dem Hessischen Skiverband als Trainings- und Wettkampfstätte genutzt. Skiflugbegeistert waren die Bermuthshainer übrigens bereits zuvor. Auf dem Höllerich gab es Vorläufer der großen Schanze, 1934 wurde dort ein erstes kleineres Modell angelegt, ein weiteres 1953 in Privatinitiative einiger Ortseinwohner gebaut.

Doch die sportliche Ära dauerte nicht lange, bereits Ende der 1980er Jahre fanden keine Skispringen mehr statt, die Schanze wurde nicht mehr gepflegt und verfiel zusehends. Gut erhalten sind die tragenden Teile, die Anlaufbahn befindet sich im Stadium der Auflösung. Der Schanzentisch wurde 2006 zu einer Aussichtsplattform umgebaut, von der man eine grandiose Aussicht auf die Vogelsberger Landschaft bis zur Frankfurter Skyline hat.

Adresse Auf dem Höllrich, 36355 Grebenhain-Bermuthshain | **Pkw** B 275 bis Oberwald, L 3181 (Fuldaer Straße), links in den Bergweg, bis Grillplatz | **Tipp** Im großzügig gestalteten Privatgarten der Familie Tiedt (Schanzenblick 18) kann man während der Blütezeit im Juni und Juli die faszinierende Welt historischer Rosen entdecken (Besuch nach Voranmeldung unter Tel. 06644/1408).

40__ Die Meyerbruchquelle

Am Brünnlein vor dem Tore …

Wer sucht, der findet. Auch den Weg zur ehemaligen Bonifatius-quelle oberhalb von Herchenhain, die heute als Meyerbruchquelle ausgeschildert ist. Hier war, so behauptet es Christian Vogel in seinem Werk »Der historische Bonifatiusweg«, die vorletzte Mittagsrast der Leichenprozession des Bonifatius von Mainz nach Fulda. Woher der neue Name Meyerbruchquelle allerdings stammt, ist laut Heimatforscher Gustav Weidner unbekannt.

Ist auch alles ziemlich egal, wenn man die herrliche Lichtung im Wald betritt. In Hanglage breitet sich eine üppige Blumenwiese aus. Blau, Weiß, Lila, Rosa und sattes Grün bezaubern das Auge. Bienen und Hummeln summen umher, und auf halber Höhe am Hang plätschert leise die Quelle. Die Bäume ringsum wiegen sich wie die Kauris in der Saga »Herr der Ringe« bedächtig im Wind. Ein schmaler Pfad zur eingefassten Quelle ist freigemäht, und schon auf dem Weg dorthin möchte man aus Schuhen und Socken schlüpfen, um in das eiskalte Nass einzutauchen. Denn die Meyerbruchquelle speist heute ein in Metall gefasstes Kneipp-Tretbecken.

Bereits 1935 wurde der Born eingefasst und Wasserrohre bis nach Herchenhain verlegt. Die Quelle versorgte bis in die 1970er Jahre den Ort mit Trinkwasser. Heute wird dessen Qualität jedoch nicht mehr überprüft, und eine neue Wasserversorgung wurde installiert.

Der Überlauf der Meyerbruchquelle füllt erst das Tretbecken und fließt von dort weiter in das Bächlein Schwarza. Über eine kleine Stufe geht's hinein ins eisig kalte Wasser, in der Mitte bietet eine Stange Halt.

Besucher drehen kreischend eine Runde und steigen dann schnell wieder raus aus dem Becken. Wenn die »Eisbeine« nach einer Weile auftauen, strömt wohlige Wärme von den Füßen bis in den Kopf. Dann empfiehlt es sich, auf den Bänken rund um die Quelle auszuruhen und die Schönheit der Natur zu betrachten, bevor man zur zweiten Runde abtaucht.

Adresse Zufahrt über Hartmannshainer Weg, 36355 Grebenhain-Herchenhain | **Pkw** B 275 bis Hartmannshain, L 3338 bis Herchenhain oder A 66 bis Wächtersbach, B 276, dann 275 bis Hartmannshain, L 3338 bis Herchenhain, links in Rasthausstraße, rechts in Feldkrücker Weg, rechts in Hartmannshainer Weg, parken, ab Waldrand ausgeschildert | **Tipp** Die Bonifatiuskanzel (oberhalb des ehemaligen Berg-Gasthauses, Rasthausstraße) ist eine fünf Meter hohe und drei Meter breite, imposante Felsnase. Auch hier, wie an vielen anderen Orten, soll Bonifatius eine seiner flammenden Predigten gehalten haben.

41 Das Oldtimer-Café

Ein Muss für Easy Rider

Die hessischen Black Hills heißen Vogelsberg. Und Sturgis, der legendäre Bikertreff in South Dakota, heißt in Hessen Herchenhain. Alle Motorrad- und Oldtimerfreunde treffen sich im Vogelsberg nicht in einem Saloon, sondern im Oldtimer-Café von Manfred Ruhl, seit 1998 Inhaber des Kult-Treffs. Er selbst fährt seit seinem zwölften (!) Lebensjahr, wie er mit einem verschmitzten Augenzwinkern erzählt, Motorrad. Heute cruist er auf seiner BMW gelassen durch den Vogelsberg und den Rest der Welt.

Easy Rider, originalgetreu auf Harleys, Tourenfahrer auf ihrer dicken BMW-Maschine, kreischende japanische Modelle, mit denen die Fahrer eben mal eine Runde in den engen Kurven des ehemaligen Schottenrings, einer geschichtsträchtigen Bergrennstrecke, gedreht und die Fliehkraft ihrer Maschine getestet haben, legen im urig-gemütlichen Gasthaus eine Pause ein. Events wie Moto-Guzzi-Treffen, German Run der »Bikers of Anarchy« oder Dreiradlertreffen (Gespanne) stehen auf dem durch verschiedene Clubs und Interessengemeinschaften organisierten Veranstaltungsprogramm. »Weltbekannt« sei sein Café mittlerweile in Biker-Kreisen und bei Oldtimerbesitzern, sagt Ruhl grinsend.

Man trifft sich sommers am Selbstbedienungskiosk oder nimmt im weitläufigen Garten unter hohen Kastanien Platz, goutiert die gutbürgerliche Küche oder selbst gebackenen Kuchen und Torten. Thema Nummer eins an jedem Tisch: das Motorrad oder die Tour, die man gerade gefahren ist. Männer in Kutten, Lederanzügen oder anderer Motorradkleidung sind in der Überzahl, nur selten kommt eine weibliche Mähne zum Vorschein, wenn der Helm abgenommen wird. Drinnen, im gemütlich-nostalgischen Gastraum, stehen ein Klavier, auf dem auch gespielt wird, ein einladendes rotes Plüschsofa und natürlich ein Motorrad. Nämlich eine NSU von 1928. Fotos von legendären Motorrädern und ebensolchen Fahrern zieren die Wände.

Adresse Hartmannshainer Straße 32, 36355 Grebenhain-Herchenhain, Tel. 06644/7026 | **Pkw** B 275 bis Hartmannshain, L 3338 (Hartmannshainer Straße), kurz vor Ortseingang Herchenhain auf der rechten Seite liegt das Café | **Öffnungszeiten** 1.–31. März Sa ab 13 Uhr, So, Feiertage ab 10 Uhr, 1. April–31. Okt. Fr ab 15 Uhr, Sa ab 13 Uhr, So, Feiertage ab 9 Uhr, Nov.–Feb. nach Vorbestellung | **Tipp** Die mächtige, allein stehende Hutebuche mit ausladenden Zweigen und Ästen ist ein Naturdenkmal und trägt den offiziellen Namen »Alte Busch« (Hartmannshainer Straße, 200 Meter Richtung Ortsausgang an der L 3338).

42 Der Geo-Lehrpfad

Von wilden Wassern und altem Gestein

Der »Schwarze Fluss«, wie das wild über große Basaltbrocken, armdicke Zweige, ja ganze Baumstämme springende Wasser in seinem malerischen Bett genannt wird, ist der schönste Fluss im Vogelsberg. Hohe Bäume rahmen die Wasserspiele. Schon der verzauberten Natur wegen ist eine Wanderung entlang des Schwarzbaches lohnenswert. Aber das Tal hat noch mehr zu bieten, nämlich einen Geo-Lehrpfad. Der von Christina Marx, Naturfotografin und Mitarbeiterin bei der Vogelsberg-Touristik, konzipierte Weg führt vom Hoherodskopf nach Ilbeshausen-Hochwaldhausen.

Hier kann man sich auf eine Zeitreise durch die Erdgeschichte begeben. Am besten, man startet auf dem Hoherodskopf, weil es dann immer sanft bergab geht und man mit dem Vogelsberg-Express (1.5.–31.10.) wieder an den Startpunkt zurückfahren kann. An elf Stationen erfährt man Interessantes zur Geologie. Wenn Sie also wissen wollen, wie ein Felsbrocken ganz für sich alleine eine Skandinavien-Reise unternommen hat oder wie Eisenerz am Schwarzen Fluss abgebaut und verhüttet wurde, dann machen Sie sich auf die Socken!

Eine Station des Lehrpfades soll hier exemplarisch genannt werden: die Eisenverhüttung. Sie war über viele Jahrhunderte ein bedeutender Wirtschaftszweig im Vogelsberg. Es war also vor ungefähr 600 Jahren, als Hannes und seine Familie einen von mehreren Verhüttungsplätzen betrieben, die entlang des Schwarzen Flusses gefunden wurden. Man nimmt an, dass die Plätze immer weiter bachabwärts verlegt wurden, sobald die Holzvorräte in der unmittelbaren Umgebung erschöpft waren, denn die Verhüttung verschlang ganze Wälder. Vom Leben und der Arbeit der Bergleute, Köhler und Schmelzer erzählen die Schautafeln. Auf dem Geo-Lehrpfad kann man sich von Station zu Station die Gesteine des Vogelsberges von Basalt bis Quarzit, von Granit bis Gneis erwandern und dabei die sagenhafte Landschaft genießen.

Adresse Einstieg Informationszentrum am Hoherodskopf, am großen Parkplatz Hoherodskopf oder Wanderparkplatz an der Jean-Berlit-Straße in Ilbeshausen-Hochwaldhausen | **Pkw** B 275 bis Grebenhain, L 3168 bis Ilbeshausen-Hochwaldhausen oder A 66 bis Wächtersbach, B 276, 275 bis Grebenhain, L 3168 bis Ilbeshausen-Hochwaldhausen, links auf L 3140 (Hindenburgstraße), links in Jean-Berlit-Straße bis Wanderparkplatz, ab hier ausgeschildert | **Tipp** Der Erholungsort verfügt gleich über zwei Kurparks. Im großen Kurpark (an der Hindenburgstraße) gedeihen auf einer Öko-Blühwiese zahlreiche für den Vogelsberg typische Pflanzen.

43__Die Uhuklippen

Im Vogelsberg hat der Teufel seine Finger im Spiel

Die Uhuklippen, nordöstlich von Hochwaldhausen gelegen, sind ein Schaufenster der Erdgeschichte oder weniger prosaisch: eine tektonische Formation aus großen Quadern. »Das Material der Uhuklippen ist ein dunkler Basalt mit porphyrischem Gefüge, das Olivin und Klinopyroxen einschließt«, heißt es in der Broschüre »Geotope im Vogelsberg« des Hessischen Landesamtes für Umwelt und Geologie. Uhuklippen heißen sie, weil hier einst zahlreiche Uhus nisteten und brüteten.

Mit einem halben Kilometer Ausdehnung und zehn Metern Höhe sind die Klippen eine der größten Basaltformationen im Vogelsberg. Und eines der beeindruckendsten Naturdenkmale. Um die vielen Felsen, in denen man je nach Blickwinkel mal Figuren, mal Gesichter, mal Tiergestalten erkennen kann, ranken sich, wie im Vogelsberg üblich, zahlreiche Sagen und Geschichten von Riesen oder Teufeln, die hier einst ihr Unwesen trieben. Und man traut seinen Augen nicht, wenn man in einer der imposanten Basaltwände ein beinahe menschliches Antlitz entdeckt. Das soll der versteinerte Kopf eines Riesen sein, der bei einem Kampf (natürlich mit einem anderen riesigen Raufbold) auf dem nahen Taufstein tödlich verletzt wurde und sich hierher flüchtete.

In alten Zeiten war der Vogelsberg eine unwirtliche, gottverlassene Region. Vielleicht fühlte sich der Teufel deswegen hier so wohl und hatte überall seine Finger im Spiel. Er soll den Menschen häufig begegnet sein, wurde aber meist von ihnen über den Löffel balbiert.

So auch am Teufelstisch, einer flachen Felsplatte mit drei Metern Durchmesser, die direkt an den Uhuklippen liegt. Hier hat der Beelzebub der Sage nach beim Kartenspiel mit Waldarbeitern verloren. Überaus ärgerlich soll der Höllenfürst deswegen mit seinem Pferdefuß auf die Felsplatte gestampft haben. Seinen Fußabdruck kann man, mit ein wenig Phantasie, noch erkennen!

Adresse nordöstlich von Hochwaldhausen zwischen L 3305 und L 3140, 36355 Greben-hain-Ilbeshausen-Hochwaldhausen | **Pkw** B 275 bis Grebenhain, L 3168 bis Ilbeshausen-Hochwaldhausen oder A 66 bis Wächtersbach, B 276, dann 275 bis Grebenhain, L 3168 bis Ilbeshausen-Hochwaldhausen, links auf L 3140 (Hindenburgstraße), links Jean-Berlit-Straße bis Wanderparkplatz, ab hier über Wanderweg R 4 zu den Uhuklippen | **Tipp** Die Teufelsmühle (Mühlenweg) wurde 1691 von Zimmermeister Hans Muth erbaut. Sie ist eines der bedeutendsten Fachwerkhäuser in Hessen und – wie sollte es im Vogelsberg anders sein – in einem Wettstreit zwischen Zimmermann und Teufel entstanden.

44__Der Rhododendron-Garten
Blütenmeer mitten im Wald

Zartrosa, kräftiges Pink, Knallrot, helles Lila mit dunkellila Tupfen, Sonnengelb, Orangerot – der Rhododendron-Garten der Familie Müller, zu dem auch eine umfangreiche Gehölz-Sammlung mit 200 Baum- und Straucharten aus aller Welt gehört, ist während der Blüte im Mai und Juni ein einziger Rausch der Farben. Bei gutem Wetter gibt es im Herbst eine zweite Blütephase. Drei bis fünf Meter hoch recken sich die in Jahrzehnten zu richtigen Bäumen herangewachsenen Pflanzen, deren Heimat eigentlich Nepal und Nordamerika sind, in den Himmel und locken mit ihrer Farbenpracht zahlreiche Insekten an.

Um die 60 verschiedene Rhododendronarten, darunter einige Wildformen, gedeihen hier. Züchter und Herzblut-Gärtner Heinrich Müller erklärt Interessierten geduldig die jeweiligen Eigenarten seiner Schützlinge. Wenn Sie also wissen wollen, was ein Rhododendron orbiculare ist und wo der Unterschied zwischen Azaleen und den übrigen Rhododendron-Arten liegt, dann fragen Sie ihn am besten bei einer Führung selbst!

Bereits der Urgroßvater von Heinrich Müller pflanzte in den 1930er Jahren blaue Douglasien an, deren Zweige als Schmuckreisig in Gestecken zu jener Zeit etwas ganz Besonderes waren. Der Großvater forstete weiter auf, war Mitglied der Deutschen Dendrologischen Gesellschaft, nahm an Exkursionen in Parks und Gärten im benachbarten Ausland teil und entdeckte dabei in Südengland auch die Pracht der Rhododendren. 1953 wurde im privaten Arboretum der Müllers der erste dieser Büsche angepflanzt. Hier waren die drei Voraussetzungen für gutes Gedeihen erfüllt: kalkarmer Basaltverwitterungsboden, schattenspendende Bäume und feuchter Grund.

Der heutige Besitzer Heinrich Müller reiste bereits mit dem Großvater nach Südengland, nach Schottland sowie in die Normandie und hat im Laufe seines Lebens eine atemberaubende Vielfalt der Exoten erfolgreich im Vogelsberg angesiedelt.

Adresse Heibelser Weg 2, 36355 Grebenhain-Nösberts-Weidmoos | **Pkw** B 275 bis Nösberts-Weidmoos oder A 66 bis Schlüchtern, L 3180, L 3178 bis Grebenhain, B 275 bis Nösberts-Weidmoos, dort auf den Pfaffenweg, 1. links | **Öffnungszeiten** Termin unter Tel. 06644 / 361 vereinbaren | **Tipp** Beschaulich und künstlerisch angelegt ist der Rosengarten von Ellen Kresky (In der Hutweide 9) auf der ehemaligen Kuhwiese (Besichtigung von Juli bis Oktober, Galerie: nach vorherigem Anruf, Tel. 06644 / 420).

45___Der Bibelpark

Spielplatz für die Phantasie

Woran denken Sie, wenn Sie die Begriffe Arche Noah, Turm zu Babel, Goldenes Kalb oder Brennender Dornbusch hören? Richtig! An das Alte Testament. Die alten Gleichnisse sind noch heute topaktuell, können in ihrer Symbolik bei Fragen zu Moral und ethischen Grundsätzen auf unseren Alltag übertragen werden. Neun Szenen und Kulissen mit direktem Bezug zur Bibel wollen im Park entdeckt, bespielt, interpretiert und inszeniert werden. Alle Figuren des in Deutschland bisher einmaligen Bibelparks sind aus Holz gefertigt.

»Das Goldene Kalb ist ein Symbol für falsche Götter, heute vielleicht das Statussymbol Auto, das Internet, das schnelle Geld, also die falschen Prioritäten, denen wir täglich nachlaufen«, sagt Hubert Straub, der Schöpfer des Bibelparks und Geschäftsführer des Kolpingdorfes in Herbstein. Für unsere Zeit hochbrisante Themen verdeutlichen die stattliche Arche Noah und der 9,5 Meter hohe Turm zu Babel. Die Arche steht für den Untergang einer Gesellschaft, die Kriege führt, die Umwelt zerstört und dem schnöden Mammon hinterherjagt. Der Turm zu Babel symbolisiert die Sprachverwirrung auf vielen gesellschaftlichen Ebenen.

Hubert Straub wünscht sich, dass diese »Wertkulisse« von Kindern und Erwachsenen nach eigenem Gutdünken genutzt wird. Sie können sich den Themen spielerisch nähern, können feiern, finden meditative Räume oder legen selbst Hand an. Denn während der handwerklichen Arbeit und der Beschäftigung mit der Symbolik der biblischen Szenen kommen oft Themen, Sorgen und Traumata, die tief in der Seele vergraben sind, zum Vorschein. So wie bei den Bundeswehrsoldatinnen und -soldaten, die nach ihrem Einsatz in Afghanistan hier in Seminaren das Erlebte aufarbeiteten. Mit dem Ziel, positive Gedanken zu entwickeln und etwas Dauerhaftes aufzubauen, zimmerten sie das Modell der Arche Noah und legten damit den Grundstein zum heutigen Bibelgarten.

Adresse im Kolpingdorf, Adolph-Kolping-Straße 22, 36358 Herbstein | **Pkw** A 66 bis Ausfahrt Wächtersbach, B 276, dann B 275 (Hessenstraße) bis Herbstein, links auf K 109 (Nordring), links in Adolph-Kolping-Straße | **Öffnungszeiten** täglich bis zum Einbruch der Dunkelheit, Führungen unter Tel. 06643 / 7020 | **Tipp** Ein anderer kontemplativer Ort ist die Herbsteiner Lebensspirale (Adolph-Kolping-Straße 12). Wasser als Zeichen des Lebens durchfließt spiralförmig 90 Farbfelder, die den menschlichen Lebensjahren entsprechen sollen.

46 Das Fastnachtsmuseum

Die Narren sind los, es steppt der Bär

Bajaß und Springerpärchen, Erbsenstrohbär und Affe mischen die Herbsteiner »Foaselt« auf. Und den Times Square in New York auch. Doch dazu später! Im Fastnachtsmuseum steht eine bunte Schar schillernder und schriller Figuren übers Jahr einträchtig nebeneinander, und über ihnen kreist ein Storch. Symbolträchtig sind sie alle.

Der Bajaß ist dem Bajazzo der italienischen Commedia dell'arte ebenso entliehen wie die Kostüme der fünf Springerpärchen. Das Tiroler Paar, das beim Umzug direkt auf den Bajaß folgt, erinnert an die Tiroler Steinmetze, die Mitte des 17. Jahrhunderts die alemannische Variante der Fastnacht mit ihren Springtänzen nach Herbstein brachten.

Übrigens: All diese Figuren, auch die weiblichen, werden von jungen Männern besetzt. Denn um drei bis vier Stunden springend zu Marschmusik durch die Stadt zu ziehen, dazu bedarf es einiger Kraft und Kondition. Die müssen die Herbsteiner Burschen beim traditionellen Springerzug am Rosenmontag in Herbstein ebenso beweisen wie bei Gastauftritten von Bad Cannstatt bis New York, wo die Truppe 1988 und 2012 an der Steuben-Parade teilnahm und nach 3,3 Kilometern Umzug durch die Straßenschluchten auch noch den Times Square rockte.

Tanzend, als Strohbären verkleidet, so haben bereits die Kelten den Winter ausgetrieben. Der Erbsenstrohbär ist jedoch eine Besonderheit Herbsteins, denn eines der Hauptnahrungsmittel auf dem kargen Vulkan waren Erbsen. Mit deren getrocknetem und geflochtenem Grün wird noch heute einer der Kirmesburschen in einer aufwendigen Prozedur eingewickelt, bevor er von seinem Führer beim Herbsteiner Springerzug durch die Stadt getrieben wird. Und den Storch, ja nun, den muss man nicht weiter erklären!

Was es mit einer weiteren Figur, dem Siebpferdchen, auf sich hat und noch viel mehr erfährt man bei einer Führung im 1983 gegründeten Fastnachtsmuseum.

Adresse im Statt-Museum, Obergasse 5, 36358 Herbstein, Tel. 06643 / 1422 | **Pkw** A 66 bis Ausfahrt Wächtersbach, erst B 276, dann B 275 (Hessenstraße) bis Herbstein, links zum Marktplatz, rechts in Obergasse | **Öffnungszeiten** Mo−Fr 10−12 und 14−16 Uhr | **Tipp** Hinterhöfe, mal lauschig, mal mit Misthaufen auf der einen Seite und herrlichem Ausblick auf die Landschaft des Vogelsberges auf der anderen Seite der begehbaren Stadtmauer, (Einstieg unter anderem hinter dem Statt-Museum, Obergasse 5) lohnen einen Spaziergang.

47_Die Jakobuskirche

Ich bin dann mal fort

Nicht erst seit Hape Kerkelings Bestseller ist Pilgern groß in Mode. Und wer will schon auf dem Jakobsweg in Spanien gehen, wo das Gedränge so groß ist wie auf der A 5 zwischen Alsfeld und der Raststätte Wetterau im Berufsverkehr, wenn man im Vogelsberg auf den Spuren des Heiligen wandeln kann? Denn ein Teil des Jakobsweges führt durch den nördlichen Vogelsberg, vorbei an Herbstein. Die Stadtpfarrkirche steht unter dem Patronat des heiligen Jakobus, dessen Gebeine in Santiago de Compostela die letzte Ruhestatt gefunden haben.

Die ersten prominenten hessischen Pilger zum Grab des Heiligen im äußersten Zipfel Spaniens waren die Fuldaer Äbte Siegfried von Eppstein und Ruthard im 11. Jahrhundert. Ihre Verehrung für den heiligen Jakobus brachten sie nicht nur durch Wallfahrten zu seinem Grab zum Ausdruck, vielmehr auch indem sie ihm Kirchen und Kapellen errichten ließen. So wie die altfuldische Pfarrkirche in Herbstein. Obwohl die St. Jakobuskirche immer schon Pfarr- und nicht Wallfahrtskirche war, bekommen Pilger heute im Pfarrbüro selbstverständlich ihren Pilgerstempel in den Pass gedrückt.

Der Heilige selbst ist in der nach der Renovierung eher schlichten Kirche als eindrucksvolle Statue, barfuß, aber mit langem Pilgermantel dargestellt. Unter seinem breitkrempigen Schlapphut, der mit der obligatorischen Muschel verziert ist, quellen kräftige dunkle Locken hervor. In der rechten Hand trägt er seinen Pilgerstab. Am rechten südlichen Mittelpfeiler hat er seinen Platz gefunden. Die Figur des Heiligen und die lebensgroße Mondsichelmadonna sind Prachtstücke des spätgotischen Barock aus dem 16. Jahrhundert, stammen vom selben Künstler und standen einst in einem Altarschrein nebeneinander. Auch am Taufstein aus grauem Sandstein, im Jahr 1580 von Steinmetz Andreas Herber geschaffen, ist der heilige Jakobus mit Pilgerstab und Rosenkranz in den Händen und einer Muschel am Hut abgebildet.

Adresse Kirchplatz, 36358 Herbstein | **Pkw** A 66 bis Ausfahrt Wächtersbach, erst B 276, dann B 275 (Hessenstraße) bis Herbstein, links zum Marktplatz, rechts Kirchplatz | **Öffnungszeiten** außerhalb der Gottesdienste nach Terminvereinbarung unter Tel. 06643 / 234 (Pfarramt) | **Tipp** Die Scheuer (Hessenstraße 1) ist eine originelle Bar mit Fachwerkambiente und ausgezeichneten Cocktails.

48__Der Barockgarten

Die Lust am Grün

Schloss Stockhausen und sein herrlicher Garten sind zwei der zahlreichen Kunst- und Kulturschätzen im Vogelsberg. Stockhausen gehörte seit dem 15. Jahrhundert zum Besitz der Freiherrn Riedesel zu Eisenbach, 1563 wurde die Hermannsburg errichtet und auf ihren Mauern zu Beginn des 19. Jahrhunderts das repräsentative dreiflügelige Schloss im Empirestil. Westlich liegt der gepflegte Landschaftspark mit terrassierter Gartenanlage und Bruchsteinmauer drum herum. Heute wird das Gut von der anthroposophischen Lebensgemeinschaft Altenschlirf und ihren Schützlingen bewohnt und bewirtschaftet.

Zentrum des Parks ist der in drei Terrassen gegliederte ehemalige Lustgarten, in dem Putten den Kiesweg säumen, Springbrunnen plätschern, malerisch ein Holzpavillon vom Bachlauf umschlungen wird, Vögel vielstimmig zwitschern und auf der Anhöhe die Fassaden der ehemaligen Orangerie, in der um 1800 Exoten wie Bananen und Zitronen heranreiften, grüßen.

Der lichte Bau war nach dem Zweiten Weltkrieg bereits in schlechtem baulichem Zustand, als ein Panzer der amerikanischen Besatzungsmacht von der oberhalb liegenden Straße abkam, in die Orangerie stürzte und ihr den Garaus machte.

Wer denkt, die Riedesels hätten zu ihrer Zeit auf der faulen Haut gelegen, der irrt gewaltig. Denn das Gelände rund um Schloss und Wirtschaftshof war bestens geeignet, um Zierpflanzen zu ziehen, was dann auch im größeren Rahmen geschah. Denn einer der Herren von Riedesel war in Italien gewesen, um Gartenbau zu studieren. Zurück im Vogelsberg begann er damit, das Gelernte umzusetzen, und schon bald wurden alle Höfe in Nord- und Mittelhessen von hier mit Zierpflanzen beliefert. Der Schlosspark Stockhausen ist übrigens neben dem Darmstädter der einzige in seiner dreigeteilten Grundstruktur – Lustgarten, Landschaftspark, Nutzgarten – erhaltene Park Hessens.

Adresse Müser Straße 1, 36358 Herbstein-Stockhausen | **Pkw** A 66 bis Ausfahrt Neuhof, L 3206 bis Giesel, L 3079 bis Hosenfeld, L 3141 bis Hainzell, L 3139 bis Stockhausen, am Ortseingang rechter Hand gelegen | **Öffnungszeiten** täglich bis zum Einbruch der Dunkelheit | **Tipp** Noch heute gehen die Kleinen des Ortes in den Dorfkindergarten (Müser Straße 27). Der wurde 1841 gegründet und ist damit der älteste Dorfkindergarten des ehemaligen Großherzogtums Hessen-Darmstadt.

49 Das Eisenkunstgussmuseum

Spröder Werkstoff – feine Formen

Das Eisenkunstgussmuseum in Hirzenhain ist eines der bedeutendsten seiner Art europaweit. Im Hirzenhainer Kunstguss entstanden und entstehen noch heute Tierfiguren und Schmuckteller, darunter auch einer, der nach dem Entwurf des berühmten Architekten und Malers Karl Friedrich Schinkel gegossen wurde. Plastiken wie eine Madonna mit Kind werden ebenso gefertigt, wie die Abdrücke der Hände von Schülern des Wolfgang-Ernst-Gymnasiums in Büdingen zu einer globusartigen Plastik geformt werden. Wahre Kunstwerke aus dem 18. Jahrhundert sind die dekorativen, multifunktionalen, mehrstöckigen Öfen. Kulturhistorisch wertvoll: 280 Kaminplatten aus fünf Jahrhunderten mit biblischen, mythologischen oder klassizistischen Motiven. So manche wurde vom Schrott gerettet, der zum Einschmelzen im Eisenwerk angeliefert worden war.

Wunderschön ist der filigrane Eisenschmuck aus der Hirzenhainer Kunstgießerei. Beliebte Motive: Rosenblätter, Efeu, Akanthusblüten, Lyra oder Weinblätter. Diese Stücke waren zwischen 1800 und 1820 bei Hofe, besonders bei Louise von Preußen, beliebt. Heute kostet ein solches Schmuckstück, beispielsweise das breite Armband, das im Eisenkunstgussmuseum gezeigt wird, um 7.000 Euro. Materialwert: keine fünf Euro! »Der Wert eines solchen Schmuckstückes ergibt sich – damals wie heute – aus der schöpferischen Leistung des Kunsthandwerkers, dem gießtechnischen Aufwand bei der Herstellung sowie der Sachkenntnis unserer Kunstgießer bei der Produktion«, sagt Betriebsleiter Jörg Firnges.

Eisengewinnung und Verarbeitung hat Tradition im Vogelsberg-Städtchen. Die Hirzenhainer Hütte wurde erstmals 1375 urkundlich als »Waldschmiede« erwähnt. Mit der Errichtung eines Holzkohlehochofens im Jahre 1678 begann eine neue, vorindustrielle Ära. Seit 1817 gehört das Hirzenhainer Eisenwerk zu Buderus. Der Verein Kunstgussmuseum Hirzenhain betreut die Sammlung und bietet Führungen an.

Adresse Nidderstraße 5, 63697 Hirzenhain, Tel. 06045/953760 | **Pkw** A 45 Ausfahrt Florstadt/Nieder-Mockstadt, B 275 bis Hirzenhain, direkt an der Bundesstraße, ausgeschildert | **Öffnungszeiten** So 10–12 und 13–16 Uhr | **Tipp** Das Naturerlebnisbad (Bahnhofstraße) wird aus einer Quelle gespeist, das Wasser durch einen bepflanzten Bodenfilter, Wasserpflanzen und Mikroorganismen gereinigt. Für das natürliche Badevergnügen muss man allerdings Wassertemperaturen meist unter 20 Grad hinnehmen.

50__ Die Stadtkirche

Maria hilf!

Außen sehr schlicht, innen überraschend prächtig präsentiert sich das evangelische Gotteshaus, für das verschiedene Namen kursieren: Augustinerkirche, Klosterkirche und Liebfrauenstift. Alles falsch, sagt Heimat- und Kirchenforscher Hans-Christian Hirzel und schildert die Entstehungsgeschichte. Bereits 1357 wurde eine Wallfahrt zur Marienkapelle in Hirzenhain erwähnt. 1393 begann der Bau einer Wallfahrts- und Grabkirche durch die Herren von Eppstein. Die ersten Augustiner Chorherren wurden 1437 nach Hirzenhain berufen, um Pilger und Memoriam, das Gedenken an die Verstorbenen, zu betreuen. Damals hieß die Wallfahrtskirche »Kirche unserer lieben Frau zu Hirzenhain«.

Auffallend und markant: der prächtige steinerne Lettner, der den Chor- vom Kirchenraum beziehungsweise den Klerus vom einfachen Volk trennt. An seiner Front befinden sich zehn Rundreliefs aus Sandstein mit Szenen aus dem Leben Marias. Deren Darstellung dominiert den Kirchenraum: Maria mit Strahlenkranz auf einem Halbmond auf den Schlusssteinen der Kreuzgewölbe, als weiße Madonna oder als prächtige Altarfigur. Insgesamt gab es in der Wallfahrtskirche einmal 13 Altäre, an denen Andachten oder feierliche Memoria für Verstorbene abgehalten wurden. In den Sandstein sind die Signaturen bekannter Baumeister und Steinmetzen der Zeit gemeißelt, wie Henn von Irlebach, ein Schüler des Frankfurter Dombaumeisters Madern Gerthner. Irlebach wird Gestaltung und Bauaufsicht der Wallfahrtskirche zugeschrieben.

Weitere kunsthandwerkliche Highlights sind drei spätgotische Figuren: Maria, Johannes der Täufer und Abt Antonius. Sie stammen von einem kostbaren Schnitzaltar, der um 1480 entstanden ist. Gut 400 Jahre später wurde er als unnötiges Bildwerk abgebrochen. Erhalten geblieben sind nur diese drei harmonisch aufeinander abgestimmten Figuren. Seit 2006 stehen sie wieder an ihrem angestammten Platz im Chor.

Adresse Merkenfritzer Weg 16, 63697 Hirzenhain | **Pkw** A 45 Ausfahrt Florstadt / Nieder-Mockstadt, B 275 (Lißberger Straße) bis Hirzenhain, rechts in Wilhelm-Leuschner-Straße, dann links in Merkenfritzer Weg | **Öffnungszeiten** Mai−Sept. Sa, So 14−16 Uhr oder nach Vereinbarung unter Tel. 06045 / 983701 | **Tipp** Ein steinernes Kreuz an der Straße zwischen Hirzenhain und Glashütten erinnert an die 87 Menschen, die am 26. März 1945 bei einer Massenerschießung durch Nationalsozialisten dort ums Leben kamen.

51 Die Hainmühle

Die wilden Müllerburschen aus dem Ohmtal

Die historische Hainmühle, idyllisch in den Ohm-Auen gelegen, blickt auf eine lange Geschichte zurück. Bereits im 16. Jahrhundert wird in einer Urkunde aus Homberg erwähnt, dass der Hainmüller auf seiner Mühle sechs Malter Korn als ständigen Erbzins zu zahlen hatte. So weit wollen wir in der Geschichte der Hainmühle aber gar nicht zurückgehen.

Vielmehr soll augenzwinkernd bemerkt werden, dass den Hainmühlen-Müllern der Ruf, richtige Frauenhelden und arge Raufburschen zu sein, vorauseilte. Nicht ganz grundlos, denn es ist schriftlich dokumentiert, dass am 6. Oktober 1774 einige Kunden Folgendes vorbrachten: »Die Hainmüller sind saugrob zu den Mahlgästen und dass es einen graust, dorthin zu fahren. Auch seien die Weibsbilder, Frauen und Mädchen hier nicht sicher, ihren Rock und Kleider zu verlieren und ›hingeworfen‹ zu werden. Sie haben sich dauernd gegen die Müller zu wehren.« So wurde es in den Gerichtsakten niedergeschrieben. Diese Beschwerden wurden durch einen Amtmann Müller untersucht, und er wies die Hainmüller an, »sich fürderhin mit ihren eigenen Frauen zu begnügen und sich nicht so grob und unsittlich zu benehmen«.

Über diese Geschichte kann Willi Arnold, der heutige Inhaber und Chef der Hainmühle, nur schmunzeln. Seit 1970 ist die Hainmühle ein Gasthaus. Die Spezialitäten sind Produkte vom Apfel, 80 Bäume nennt Arnold sein Eigen, rustikales Brot aus dem Mühlen-Backhaus und herzhafte Gerichte aus dem Fleisch der eigenen Galloway-Rinder. Willi Arnold setzt ganz auf Essen aus Hessen und seinen selbst gekelterten Apfelwein, der im Keller von 1848 seiner Vollendung entgegenreift.

Übrigens: Der heutige Hainmüller ist höflich, zurückhaltend und gar kein Casanova! Und im rustikalen Gastraum der Hainmühle oder auf der herrlichen Veranda am Mühlgraben mit Mühlrad wird Frau heute besonders freundlich und zuvorkommend bedient.

Adresse Mühltal 1, 35315 Homberg (Ohm), Tel. 06633/315 | **Pkw** A 5 Ausfahrt Homberg (Ohm), L 3325 bis Bernfeld, L 3072 (Frankfurter Straße) bis Homberg (Ohm), rechts in Bahnhofstraße, gleich wieder rechts in Stadthallenweg, rechts Am Tiefen Born, rechts ins Mühltal, Weg endet an der Hainmühle | **Öffnungszeiten** täglich 11.30–22 Uhr | **Tipp** An der L 3072, etwa 1,5 Kilometer Richtung Büßfeld, steht am rechten Straßenrand, flankiert von einer Fichte und einer Birke, die sogenannte »Totenlade«, ein einem Sarkophag ähnlicher Monolith aus Basalt.

52 Das Jungfernloch

Von »kopflosen« Jungfern in Nöten

Es war einmal ein Burgfräulein … Die Geschichte der Jungfer von Homberg beginnt wie ein typisches Märchen der Brüder Grimm. Es soll sich zugetragen haben, dass ein »hochwohl« geborenes Fräulein unter argem Liebesleid litt. Andere Versionen der Erzählung berichten, das Burgfräulein sei von feindlichen Soldaten gejagt worden, was natürlich viel weniger romantisch ist, weswegen wir bei der Liebesgeschichte à la Romeo und Julia bleiben.

So wird erzählt – und viele Homberger und Hombergerinnen kennen diese Geschichte –, dass die junge Dame ihren prächtigen Schimmel satteln ließ und hinunter ins Schächerbachtal ritt. In den Auen und Wäldern um Homberg gab und gibt es noch heute zahlreiche kleine Teiche, Bäche und Feuchtflächen. Und so ritt die Holde samt Schimmel, ob nun aus Liebeskummer oder weil sie verfolgt wurde, in einen der Teiche … und ward nie mehr gesehen. Das Pferd übrigens auch nicht. So kam der Teich zu seinem Namen »Jungfernloch«. Im Homberger Ortsteil Deckenbach wird sogar erzählt, dass die Jungfer ohne Kopf durch den Wald jagte und dann in den Teich stürzte. Das rührt wohl daher, dass man in der Erzähltradition die Handlung immer wieder mal ein bisschen gruseliger ausgestalten musste, um die Zuhörer zu fesseln.

Im wirklichen Leben ist das Jungfernloch ein recht tiefer Teich, unter dem eine enorm starke Quelle stetig sprudelt. Und zwar so kräftig, dass ihr Wasser für den Eisenerzabbau zwischen dem nahen Deckenbach und Rüddingshausen zum Waschen des Gesteins in die Grube gepumpt wurde. Dabei verlor der Teich aber kaum an Wassermenge. Noch heute friert er trotz kalter Vogelsberger Winter nie zu, was ebenfalls der starken Strömung der Quelle geschuldet ist. Das Jungfernloch erreicht man nur zu Fuß auf der Premium-Wanderstrecke Schächerbachtour, an deren Wegesrand noch viele andere Orte liegen, zu denen ähnlich sagenhafte Geschichten erzählt werden.

Adresse nur zu Fuß auf der Schächerbachtour (Start an der Stadthalle) zu erreichen, 35315 Homberg (Ohm) **| Pkw** A 5 bis Ausfahrt Homberg (Ohm), L 3072 bis Homberg, rechts in Bahnhofstraße, gleich wieder rechts in Stadthallenweg, parken an der Stadthalle. Die ausgeschilderte Wanderstrecke »Sagenhafte Schächerbachtour« bringt Sie zum Jungfernborn. **| Tipp** Das Homberger Schloss entstand um 1200 als Befestigungsanlage mit Ringmauern und Bergfried. Von der Kernburg sind heute das dreigeschossige Haupthaus und die Burgkapelle erhalten. Tolle Aussicht auf Amöneburg!

53_ Das Museum Altes Brauhaus

Heimatkunde zum Anfassen

Das alte Brauhaus, ursprünglich im 13. Jahrhundert als Wachhaus errichtet, gehörte zur Stadtbefestigungsanlage. Im hallenartigen Brauraum stellten die Homberger Bürger unter städtischer Regie und Aufsicht des städtischen Braumeisters bis Mitte des 19. Jahrhunderts ihr eigenes Bier her. Das Wasser wurde durch eine Röhrenleitung vom Marktbrunnen direkt zum Brauhaus geleitet. Gelagert wurde der Gerstensaft im Berg, im sogenannten Eiskeller. Für dessen Kühlung wurde im Winter das Eis der Ohm im Tal gebrochen und hierhergebracht. Der Eiskeller ist im Rahmen eines Museumbesuches ebenso zu besichtigen wie der Brauhausturm.

Tilman Niehof, ehrenamtlicher Museumsleiter, macht sich einen Spaß daraus, beim Betreten des Turms ein Tonband mit dem Quieken von Ratten und einer Stimme, die aus der Tiefe zu kommen scheint, anzuschalten. Der historische Kontext: Im unteren Teil des Turmes befand sich eine Arrestzelle, in der die Gefangenen ohne Licht darbten. Von der Turmstube hingegen hat man einen herrlichen Blick über die Stadt und bis nach Amöneburg.

Doch zurück ins kleine, feine Museum, das 1996 eröffnet wurde. Die Ausstellung widmet sich neben allerlei Heimatgeschichte zwei Besonderheiten der Stadt: dem Homberger Stuhl und dem Basaltabbau. Der aus Buchenholz gefertigte Homberger Stuhl hat einen Sitz aus Rohrgeflecht und eine Polsterung aus Stroh. Bauer Friedrich Fischer begann 1866 in Heimarbeit mit der Fertigung, und das robuste Sitzmöbel wurde bald zum »Exportschlager« und bis nach Wetzlar und in die Schwalm verkauft. Der Basaltabbau in einem der größten Basaltsteinbrüche Europas im Stadtteil Nieder-Ofleiden wird dem Besucher mit Hilfe einer eindrucksvollen Ausstellungsszene erklärt. Gezeigt werden die Techniken des Steinbrechens seit 1900, die Herstellung von Pflastersteinen, Mauersteinen und Edelsplitt.

Adresse Brauhausgasse, 35315 Homberg (Ohm), Tel. 06633/1840 | **Pkw** A 5 bis Ausfahrt Homberg (Ohm), L 3072 (Frankfurter Straße) bis Homberg (Ohm), von der Frankfurter Straße links in Brauhausgasse | **Öffnungszeiten** So 15–17 Uhr | **Tipp** Eine mächtige, mehr als 1.000 Jahre alte Linde thront im Zwinger des Homberger Schlosses (Burgberg). Ihr Stamm ist so dick und gespalten, dass darin ein Erwachsener Platz findet.

54__Das Oldtimermuseum

Männerspielplatz

Das in Eigenleistung erbaute Vereinsheim der Oldtimerfreunde Ohmtal heißt »Glühkopf«. Wer ein echter Oldtimerfan ist, weiß, was als Prunkstück zu jeder landwirtschaftlichen Geräte- und Fahrzeugsammlung gehört: der Lanz Bulldog. »Das Maß aller Dinge«, wie Karl Heinz Pfeffer, Vorsitzender des Vereins, dieses Zugfahrzeug bezeichnet. Bulldog, weil die Frontansicht mit ihren großen Scheinwerfern an das Gesicht dieses Hundes erinnert und die Maschine ebenso stark und zäh ist.

Bei diesem »Schätzchen« nimmt man(n) auch in Kauf, dass der Glühkopf mit einer Lötlampe angeheizt und vorgeglüht werden muss, bevor Diesel in den Zylinder eingespritzt werden kann. Dann muss man das Lenkrad abnehmen, in die Schwungscheibe stecken und den Kolben so lange bewegen, bis der Lanz laut tuckernd seinen Dienst aufnimmt.

In den zwei großen Hallen der Oldtimerfreunde Ohmtal kann man auf fast 3.000 Quadratmetern eine Zeitreise in die technische Vergangenheit landwirtschaftlicher Geräte und Zugfahrzeuge sowie von Automobilen unternehmen. Seit 1985 tragen die mittlerweile 145 technikbegeisterten Mitglieder von der Dreschmaschine bis zum Alpenland-Traktor, von der Bandsäge bis zum Hanomag Allgeier, vom ausgedienten Feuerwehrauto bis zum Seildriller, von der Vampyrette bis zur Daimler Motokutsche Schätze der Industrialisierungs- und Motorgeschichte zusammen.

Alle Fahrzeuge und Geräte werden renoviert und fahrtüchtig gemacht. Dafür braucht es jedoch oft Jahre. Trotzdem können die rührigen Oldtimerfreunde eine ganze Ernte − von der Mahd und dem Binden der Garben bis zum Dreschen des Korns − vorführen. Und sie frönen nicht nur im Vereinshaus ihrer Leidenschaft, man trifft sie auf ihren alten Traktoren auch bei Festumzügen und landwirtschaftlichen Ausstellungen. Alljährlich wird ein über die Grenzen der Region hinaus bekanntes Oldtimertreffen organisiert.

Adresse Buchhainer Straße 3a, 35315 Homberg (Ohm)-Dannenrod | **Pkw** A5 bis Ausfahrt Homberg (Ohm), L 3072 bis Homberg, K 54 bis Dannenrod, von der Buchhainer Straße rechts Richtung Feuerwehr (ausgeschildert) | **Öffnungszeiten** nach Vereinbarung unter Tel. 06633/7564 (Karl H. Pfeffer) | **Tipp** In der Dorfkirche (Finkenhainer Straße) ist der englische General Handstone, Befehlshaber englischer Truppen während des Siebenjährigen Krieges, beigesetzt. Er wurde bei Kämpfen um den nahen Ohmübergang tödlich verletzt.

55_ Die Hungener Schaukäserei

Alles Käse, oder was?

Durch die gläsernen Fronten der Hungener Schaukäserei können Interessierte beobachten, wie die Käser in handwerklicher Tradition verschiedene Frisch- und Weichkäsesorten herstellen. Täglich werden hier 3.000 Liter Kuh- und bis zu 600 Liter Schafmilch verarbeitet. Die Hungener Käsescheune im historischen Ortskern der Schäferstadt Hungen ist die einzige ihrer Art in Hessen. Dafür wurden zwei ehemalige Hofreiten grundsaniert und umgebaut. Unter einem Dach findet man eine gläserne Schaukäserei, Räume für Käse-Seminare und -Verkostungen, einen einsehbaren Reifekeller, einen Gastraum, einen Laden mit regionalen Spezialitäten und den multimedialen »Erlebnisraum Schaf und Natur – unterwegs in den Wetterauer Hutungen«, konzipiert und eingerichtet durch das Life-Projekt »Wetterauer Hutungen«. Besucher und Gäste erwartet also ein kulinarisch interessantes und lehrreiches Programm rund um den Käse sowie die lange Schäfertradition in Hungen. Die Stadt trägt den Beinamen »Schäferstadt«, denn zwischen der Wetterau und den Ausläufern des Vogelsberges hat die Schäferei auf den sogenannten »Wetterauer Hutungen« (beweideten Magerrasenflächen) eine lange Tradition.

Zum vielfältigen, genussreichen Erlebnisprogramm in der Hungener Käsescheune gehören außerdem Käse-Seminare, in denen man am eigenen kleinen Kupferkessel Käse selbst herstellen kann. Bei geführten Verkostungen entdeckt man die Vielfalt und die unterschiedlichen Charaktere der verschiedenen Käsesorten. Angeschlossen ist zudem ein Restaurant, in dem der Wetterauer Sternekoch André Großfeld Regie führt und originelle Speisen mit hessischem Zungenschlag kreiert. Im Reifekeller des Affineurs Reiner Wechs, der übrigens einer der beiden einzigen wirklichen Affineure in Hessen ist, werden hochwertige Käse mit typisch hessischen Zutaten wie Apfelwein, Kräutern und Hungener Reifungskulturen veredelt.

Adresse Brauhofstraße 3–7, 35410 Hungen, Tel. 06402/5188572, www.hungener-kaesescheune.de | **Pkw** A 45 bis Berstadt, L 489 bis Hungen, am Kreisel geradeaus, Friedberger Straße, an Bahngleisen rechts in die Obertor-, dann links in die Untertorstraße, wieder links in die Brauhofstraße | **Öffnungszeiten** Di–Sa 9–23, So 11–23 Uhr | **Tipp** An der Schlossmauer (Liebfrauenberg) steht eine bemerkenswerte Stele der Künstlerin Christiane Gossel. Gesichter mit aufgerissenen Mündern erinnern an das Gemälde »Der Schrei« von Edvard Munch und fesseln den Betrachter.

56__ Die Schiefe Säule

Begrabt mein Herz oberhalb des Flusses

Man sieht nur mit dem Herzen gut, sagt der kleine Prinz in der weltbekannten Erzählung von Antoine de Saint-Exupéry. Aber nur mit dem Herzen wird man das vergessene Denkmal »Schiefe Säule« auf dem Grasser Berg nicht finden. Zu bescheiden, zumal sommers durch Blattwerk verdeckt, steht die blass gewordene Sandsteinsäule am Waldrand. Der Grasser Berg gehörte einst zum gleichnamigen Gut, das einen knappen Kilometer entfernt im Tal liegt. Besitzer war im 18. Jahrhundert die Familie des Karl Wilhelm Heinrich du Bos du Thil, der unter Ludwig II. von Hessen-Darmstadt Karriere im Staatsdienst machte. Aber das macht nicht die Magie des Ortes aus!

Es ist vielmehr die Legende, der zufolge hier der Sohn von Ferdinand Ludewig 1813 seinem Vater nicht nur ein Denkmal errichtete, sondern auch – wie damals eine Gepflogenheit – dessen Herz darunter bestatten ließ. Der Vater, so ist es überliefert, ging noch im hohen Alter und erblindet den 15-minütigen Weg vom Hofgut hinauf auf den Grasser Berg und ruhte dort auf einer Bank aus. Auf der übermannsgroßen Sandsteinsäule, die heute wie der Schiefe Turm von Pisa aufragt, fordern kaum mehr lesbare Lettern »Huldige Wanderer dem Manne / eines Menschenfreundes«. Auf der gegenüberliegenden Seite ist »Ferdinand Ludewig du Bos du Thil geb. 1729 gest. 1813« eingeprägt.

Steht man an der Säule, ist von der Bank und dem freien Blick in die Wetterau allerdings keine Spur mehr zu sehen. Vielmehr fallen die Überreste von umfangreichen Grabungen ins Auge, und vielleicht kriecht dem einen oder anderen ein leichter Schauer über den Rücken. Denn neben der Legende um Ferdinand Ludewig umwehen auch andere Sagen den Grasser Berg: Eine weiße Jungfrau soll hier einst erschienen sein, und wer abends seine schmutzige Wäsche ablegt, soll die am nächsten Morgen gewaschen und gebügelt wiederfinden, erzählt der Volksmund.

Adresse Grasser Berg, 35410 Hungen | **Pkw** A 5 bis Gambacher Kreuz, A 45 bis Berstadt, L 489 bis Hungen, L 457 Richtung Nidda, nach circa 2 Kilometern ist Abfahrt Hof Grass ausgeschildert, Start Rundweg zum Grasser Berg | **Tipp** Im Limes-Informationszentrum (Hof Grass) werden römische Funde aus der Region ausgestellt, dazu gibt es Informationen zum obergermanisch-raetischen Limes und dessen Verlauf im Landkreis Gießen.

57 Die Wetterauer Hutung »Am Köpfel«

Der Reichtum von Magerrasen-Flächen

Viele kleine, begrünte, geheimnisvolle Mulden, ein stillgelegter Basaltsteinbruch, ein für den Vogelsberg einmaliger und noch heute erkennbarer Krater sowie Lava-Austrittsstellen erinnern an die vulkanische Vergangenheit dieses besonderen Ortes. In den vergangenen Jahrhunderten haben Menschen hier Basalt für den Häuser- und Straßenbau gebrochen, ihre Ziegen und Schafe geweidet, auf den Terrassen am Südhang Felder angelegt und bewirtschaftet.

In den 1960er Jahren fiel das Gebiet jedoch in einen Dornröschenschlaf. Innerhalb weniger Jahre breiteten sich Hecken aus, so wie im Märchen um das Schloss der Prinzessin. Die Hutungen sind seither durch unzureichende Nutzung oder sogar vollständige Aufgabe bedroht. Seltenen standorttypischen Pflanzen wie Heidenelke oder Knabenkraut, eine Orchideen-Art, wurde durch die wuchernden Büsche der Lebensraum genommen.

Dagegen arbeiten die ehrenamtlichen Helfer des NABU VNULL Hungen-Langd an. Unterstützt werden sie vom Life-Projekt »Wetterauer Hutungen«, einem von der EU geförderten Programm zum Erhalt der traditionell schafbeweideten Hutungen mit ihrer typischen Artenvielfalt. Jährliche Rodungsaktionen, der Schutz des Steinbruchs und die Pflege der Streuobstwiesen stehen auf der Agenda.

Trockenrasenflächen wie die Wetterauer Hutungen können nur durch extensive kleinbäuerliche Nutzung, vor allem Beweidung oder Mahd, erhalten werden. Deswegen sind Schafe und Ziegen unverzichtbare Helfer. Die Bio-Rasenmäher halten die Magerrasenflächen frei. Alleine auf dem Köpfel gedeihen nach mittlerweile drei Jahrzehnten Pflege wieder gut 180 Pflanzenarten, darunter Küchenkräuter wie Sauerampfer, Gundermann und Knoblauchrauke. Selten gewordene Tiere wie die Schlingnatter oder der Rote Milan kehren in ihre angestammten Habitate zurück.

Adresse Am Köpfel, 35410 Hungen-Langd | **Pkw** A 5 Abfahrt Lich, B 457 bis Abzweig K 187, dann bis Langd, Taunusstraße, Hiesbach, Am Köpfel | **Tipp** Das Schäferdenkmal (Am Grassee) in Hungen erinnert an die lange Schäfer-Tradition der Stadt.

58_ Der Schicksaal

Der Schicksaal ist ihr Schicksal

Der Schicksaal ist die schrillste und bunteste »Coiffeuserie« weit und breit. Kunterbunt und phantasievoll beklebte Stühle, auf dem Sperrmüll gesammelt, ein schulterhohes Holzpferd samt Sattel, ein grob zusammengezimmerter mobiler Tresen – man kommt bei einem Besuch im Schicksaal im Hofgut Utphe aus dem Staunen nicht heraus. Das prächtige rote Samtsofa ist die Leihgabe eines Nachbarn, alte Fundstücke und Antiquitäten sind als Stationen zum Frisieren aufgepeppt. In einem ehemaligen Pferde- und Bullenstall im Hofgut Utphe hat sich Friseurmeisterin Natalie Tomasic ihren persönlichen Traum erfüllt.

Es war das persönliche Schicksal, eine schwere Erkrankung, die Natalie Tomasic ihr Leben und ihren Friseursalon umkrempeln ließ. »Ich will nur noch machen, was mir Spaß macht.« So muss man auch damit rechnen, dass die Chefin erst nach einer Antlitzdiagnostik die Schere schwingt, um jeder und jedem den passenden Haarschnitt zu zaubern.

Im Schicksaal bekommt nicht nur jede Kundin und jeder Kunde eine neue, pfiffige Frisur verpasst, was ja durchaus schicksalhaft sein kann. Nein, hier wird auch Theater gespielt. Bekannte Kabarettisten wie Sven Kemmler, Autor von Michael Mittermeier, geben sich die Ehre. Bei Ausstellungen sind die Werke von Künstlern aus der Region zu sehen, im integrierten kleinen Shop gibt's Kunsthandwerk aus Frauenbetrieben. Bei Veranstaltungen verschwinden der mobile Tresen und die Arbeitsutensilien. Der mit Kunst und Kunsthandwerk, Plüsch und Plunder ausstaffierte Raum entfaltet dann seinen ganzen Charme. Man kann den Schicksaal für Theater-Workshops, Fotografie-Kurse, aber auch für private Feste vom runden Geburtstag bis zum Junggesellinnenabschied mieten.

Das Hofgut Utphe wurde 1707 als Ökonomiehof der Grafen von Solms-Laubach erbaut. Das imposante, in sich geschlossene Fachwerk- und Backstein-Ensemble prägt noch heute das Ortsbild.

Adresse Weedstraße 16, 35410 Hungen-Utphe, www.coiffeuserie-schicksaal.de | **Pkw** A 5 bis Gambacher Kreuz, A 45 bis Beerstadt, L 489 (Berstädter Straße) bis Utphe, rechts in die Weedstraße | **Öffnungszeiten** Mi – Fr 10 – 13 und 16 Uhr bis open end, Sa 10 Uhr bis open end | **Tipp** Der Obere Knappensee (zwischen Utphe und Trais-Horloff) ist ein beliebtes und naturverträglich konzipiertes Freizeitgebiet.

59__ Rapp's Natur-Erlebnis-Garten

Natur pur, und zwar in Hülle und Fülle

Kräuter- und Apothekergarten, Trockensteinmauer, Obstwiese sowie Weidenlabyrinth und Lesesteinhaufen – im Natur-Erlebnis-Garten in Karben kann man auf 4.000 Quadratmetern die heimische Flora und Fauna, traditionelle Lebensräume wie Trockenrasenflächen, zwei Teiche mit Holzbrücke oder begehbare Hecken mit allen Sinnen entdecken und erleben. Zwischendrin laden zahlreiche Sitzpodeste, der Pavillon oder Beobachtungsstationen zur Rast ein. Entstanden ist der Natur-Erlebnis-Garten als Gemeinschaftsprojekt der Kelterei Rapp's und der Stadt Karben. Zu den tierischen Bewohnern zählen zahlreiche Schmetterlinge und andere Insekten, Vögel und Amphibien. Sehr spannend ist der Blick in die Nistkästen oder -hilfen von Vögeln und Bienen. Das Leben der Vögel in ihren Wohnstuben kann man auch mit Hilfe einer Kamera und eines Bildschirms verfolgen. Die Bienennistwand und das Insektenhotel sind teilweise verglast, damit der Besucher das Gewusel im Innern beobachten kann.

Hit für Kids ist die Teichlandschaft. Vom Ufer und der Holzbrücke aus sieht man, wer oder was im und am Teich lebt, welche Pflanzen in dieser Lebensgemeinschaft zu Hause sind. Im Sommer sehr verführerisch: ein Besuch der Nasch-Ecke. Hier wachsen zwar keine Gummibärchen oder Schokoladen-Küsse an den Sträuchern, dafür aber knackige bunte Früchtchen wie Erdbeeren, Johannisbeeren, Himbeeren und Brombeeren. Last, but not least erlebt man Millionen Jahre Erdgeschichte auf dem geologischen Pfad, auf dem heimisches Gestein wie Basalt, Sandstein, Kalkstein, Granit und Schiefer vorgestellt und erdgeschichtlich erklärt werden.

Egal, ob Vogelstimmen im Erlebnisgarten, Amphibien oder Medizinpflanzen – es gibt ein umfangreiches Angebot an Führungen. Das grüne Paradies lässt sich aber auch wunderbar auf eigene Faust entdecken. Zahlreiche Info- und Schautafeln helfen dabei.

Adresse Brunnenstraße 2 (gegenüber Rapp's), 61184 Karben, Tel. 06039/91940 | **Pkw** B 3 bis Karben, L 3205 bis Kreuzung Brunnenstraße, nach links | **Öffnungszeiten** Mai–Okt. täglich, solange es hell ist und bei Führungen | **Tipp** Ein Kleinod der Sakral-Architektur und eine Seltenheit nördlich der Alpen ist die St.-Michaelis-Kirche in Klein-Karben (Am Lindenbaum 6). Sie wurde bereits 1192 in Form eines griechischen Kreuzes mit wuchtiger Schutzmauer gebaut.

60___Das Grüne Meer

Es grünt so grün …

Wer hat mich in den Sherwood Forest gebeamt?, fragt man sich, wenn man ins Grüne Meer eintaucht. Der Robin Hood der Neuzeit ist ein Robin Wood und heißt Karl Georg Graf zu Solms-Laubach. Er hat das weitläufige Waldgebiet (50 Hektar) in einen attraktiven Erlebniswald umgestaltet und der Öffentlichkeit zugänglich gemacht. Im »Grünen Meer« des Grafen kann man kontemplativ dem Rauschen der Blätter lauschen, auf dem Entdeckungspfad Einblicke in den Natur- und Kulturraum Wald gewinnen oder die Himmelsleiter erklimmen.

Die Erkundung startet man am besten an dem hölzernen, begehbaren Widder, der imposant wie das Trojanische Pferd am Parkeingang thront. Von hier führt ein Bohlenweg hinein ins Abenteuer. Durch alte Buchenwälder zur malerisch gelegenen gotischen Kirchenruine St. Valentin zum Beispiel. Die alten Mauern und die Erde bergen archäologische Schätze. Weiter bergan kommt man an einer Naturwaldparzelle vorbei und muss sich nach dem anstrengenden steilen Anstieg erst einmal auf den zwischen Baumriesen gespannten hölzernen Hängematten ausruhen. Denn die Himmelsleiter wartet. Der 35 Meter hohe, vierstöckige, luftig konstruierte Aluminiumturm mit Aussichtsplattformen auf jeder Ebene will erklommen werden. Von ganz oben kann man − Schwindelfreiheit und gute Kondition vorausgesetzt − den atemberaubenden Ausblick auf das grüne Blättermeer zu seinen Füßen und in den hohen Vogelsberg genießen.

Vorbei an einem Köhlerdorf geht es hinunter zum Wiesental des Höllerskopfbaches. Hier führt ein Holzsteg nahe an den Bach, und man kann Rehe und andere Wildtiere beobachten. Weitere Attraktionen am Wegesrand: das Robin-Hood-Dorf, der Sinnespfad, das Wald-Xyolophon oder der Streichelzoo zum Beispiel. Die ganze Tour kann man auch mit dem urigen Wald-Taxi, einem Pritschenwagen mit Fellen zum Sitzen dekoriert und einem Traktor davor, machen.

Adresse an der B 276 zwischen Laubach und Schotten, 35321 Laubach | **Öffnungszeiten** Di–So 10–18 Uhr | **Pkw** A 5 bis Ausfahrt Lich, B 457 bis Lich, L 3481 bis Laubach, B 276 bis Grünes Meer, ausgeschildert | **Tipp** Im Gasthaus Laubacher Wald (an der B 276 nach Freiensee) wird radikal regional gekocht – Mufflon aus dem heimischen Forst oder alles mit Apfelwein zum Beispiel.

61_Das Hotel Bunter Hund
Die etwas andere ART von Hotel

Nomen est omen! Ein wirklich originelles Entree mit Kunst der 1960er und 1970er Jahre aus der Sammlung des Kunstliebhabers und Sammlers Karl Georg Graf zu Solms-Laubach empfängt die Gäste. Eyecatcher daneben: ein Relikt aus den Nachkriegsgründerzeiten der Republik, nämlich ein gut erhaltenes Bahnabteil der 1950er Jahre. Hier trifft Kunst auf moderne Funktionalität, progressiver Charme auf antike Stücke. Prominente Gäste wie Ina Müller oder Annett Louisan wissen den peppigen Stilmix zu schätzen. Sie waren im Schlosshotel »Bunter Hund« zu Gast und haben ihre Autogramme hinterlassen.

Bis in die 1980er Jahre war das Schlosshotel ein Krankenhaus. Im Zweiten Weltkrieg diente es als Lazarett, danach war im Zweckbau ein Teil des Laubacher Sozialzentrums untergebracht, Leerstand folgte. Seit 2008 beherbergt der Komplex das Hotel »Bunter Hund«. Der Name ist Programm. Ganz schön bunt ist es nämlich auf den Fluren, in den individuell eingerichteten Zimmern und den kunstvollen Bädern der originellen Herberge. Kunstwerke, Gemälde und Skulpturen sind Leihgaben aus dem Privatbesitz des Laubacher Grafen, der mit Leidenschaft Kunst der 1960er und 1970er Jahre sammelt. Die hat als Ausstellung »Unter den Linden« in Berlin bereits 100.000 Besucher begeistert.

In den Badezimmern der 20 Einzel- und Doppelzimmer darf sich der Gast auf weitere Überraschungen gefasst machen: Hier haben die Künstler Pfisterer und Krahforst Badeszenen – meist mit nackten, fülligen Schönen – aus großen Werken von Liebermann bis Gauguin, von Monet bis Renoir, von Spitzweg bis Hodler aufgegriffen, frei interpretiert und auf die Wand gebannt.

Inhaberin Katharina Diepolder bietet neben Logis im »Café Kunst« ein ganz besonderes Ambiente für Frühstück und den Kaffeeklatsch. Selbst gebackene Kuchen und Torten sind ebenso kunstvoll wie die ausgestellten Gemälde und Kunstwerke.

Adresse Schottener Straße 2, 35321 Laubach, Tel. 06405 / 506980 | **Pkw** A 5 bis Ausfahrt Lich, B 457 bis Lich, L 3481 bis Laubach, B 276 Richtung Schotten (Schottener Straße) | **Öffnungszeiten** täglich 0 – 24 Uhr | **Tipp** Das Gebäude des heutigen Fridericianum (Friedrichstraße 9) wurde 1750 als Jagdschloss außerhalb der Stadt errichtet, 1832 von Hofrat Wilhelm Klenze Stein für Stein nach Laubach versetzt, dann zu einem Gymnasium umgenutzt. Heute ist das Fridericianum das Heimatmuseum der Stadt Laubach.

62 Die Privatbibliothek

Refugium für Bücher

Über eine knarrende Holztreppe geht es hinauf in die bibliophilen Schatzkammern, die sich in elf Räumen auf drei Etagen verteilen. In der Privatbibliothek der Grafen Solms-Laubach schlummern 120.000 Bände, darin das geschriebene, gedruckte und gebundene Menschheitswissen seit dem 15. Jahrhundert. Die gräfliche Sammlung ist eine der größten europäischen Bibliotheken in Privatbesitz. Die Werke wurden mit der Hand geschrieben, kunstvoll illustriert, in Leder oder Pergament gebunden. So liegt hier der Duft von Pergament, Leder, Farbe und Öl in der Luft. Erst durch die Erfindung der Druckerpresse durch den Mainzer Goldschmied Gutenberg Mitte des 15. Jahrhunderts wurde die Buchherstellung revolutioniert. Traudel Wellenkötter ist die Bibliothekarin. Sie hütet die Bestände wie ihre Augäpfel, und pflegt die wertvollen Bücher nicht nur regelmäßig, sie stellt auch interessante Buchpräsentationen zusammen, die Tiere oder Pflanzen und deren Darstellung in verschiedenen Epochen oder wissenschaftliche Themen im Kontext ihrer Zeit zeigen.

Seit 18 Generationen sammeln die Laubacher Grafen mit großem Aufwand Bücher, dabei interessieren sie sich sowohl für Einzelstücke als auch für ganze Bibliotheken. Die Sammlung wird bestimmt von den Themen der jeweiligen Zeit: Theologie, Jurisprudenz, Literatur der Aufklärung, Naturwissenschaften und unendlich viele mehr. Die Hausherren haben auch selbst Buchbinder beschäftigt, die Künstler in ihrem Fach waren. Entsprechend prächtig sind die Bände, die sich in den deckenhohen Regalen aneinanderreihen – von der Lutherbibel bis zum Gebetbüchlein, von den sogenannten Hausvaterbüchern bis zu den griechischen und römischen Klassikern, von profanen Rechnungsbüchern bis zu in Wildleder gebundenen Inkunabeln. Die Sammlung ist dem Hessischen Zentralregister angeschlossen und gehört zu den »unveräußerlichen Kulturgütern des deutschen Volkes«.

Adresse Schloss Laubach, 35321 Laubach | **Pkw** A 5 bis Ausfahrt Lich, B 457 bis Lich, L 3481 (Gießener Straße) bis Laubach, links in die Kaiserstraße, links in die Friedrichstraße, wieder links in die Obere Langgasse, die führt zum Kirchplatz und Schloss | **Öffnungszeiten** Mitte April–31. Okt. Mi 15–17 Uhr und nach Vereinbarung unter Tel. 06405/91040 | **Tipp** Das Wilhelm-Alban-Ofenmuseum (Zum Tiergärtner Teich) zeigt die Geschichte von kunstreich verzierten Gussöfen, Küchen- und anderen Gebrauchsherden.

63 Das Puppenstubenmuseum
Die Welt in klein

Puppenstuben, Küchen, Kaufmannsläden, gute Stuben, gar ein Schwimmbad – alles voll möbliert mit den Accessoires und Gebrauchsgegenständen der Zeit, in der diese Welten en miniature entstanden sind, lassen manches Kinderherz höherschlagen. Damals wie heute. Ihre beispiellos umfangreiche Sammlung wertvoller Puppenstuben hat Ihre Königliche Hoheit Prinzessin Monika von Hannover in ihre Heimatstadt Laubach zurückgebracht.

Nach zweijähriger Bauzeit ist Ende 2011 in einer ehemaligen Scheune in unmittelbarer Nähe zum Laubacher Schloss ein modernes, stilvolles Zuhause für die einzigartige historische Sammlung entstanden. Die Ausstellung zeigt in drei Räumen, gegliedert in Epochen von Biedermeier, Gründerzeit bis Jugendstil, insgesamt 80 Puppen- und andere Stuben im kleinem Format. Mit dem repräsentativen dreigeschossigen Puppenhaus im ersten Raum der Ausstellung sollen bereits die Vorfahren der Prinzessin gespielt haben.

In einem Kaufmannsladen findet man bei genauer Betrachtung nicht nur eine winzig kleine Registrierkasse und Waage, sondern auch Mini-Päckchen und -Döschen noch heute bekannter Marken wie Erdal oder Maggi. In der Badeanstalt (um 1910 entstanden) rekeln sich Damen im Badekleid und Herren im Long John. In der Apotheke reihen sich Glasfläschchen und pharmazeutisches Gerät – alles klitzeklein und von Hand gefertigt. Eine der Puppenküchen ist üppig mit Kupfertöpfen, -pfannen und -geschirr ausgestattet. Sogar einige Hühner und Gänse gehören, wie damals üblich, zum Inventar.

Die winzigen Arbeitsräume spiegeln wider, wie eine gut ausgestattete Küche des Biedermeier oder der Gründerzeit idealerweise ausgesehen hat. »Kinder, besonders Mädchen, sollten spielerisch lernen und an die Welt der Eltern herangeführt werden«, erklärt Herwig Krüger, Stiftungsratsmitglied, den pädagogischen Hintergrund von Kaufmannsladen, Puppenküche & Co.

Adresse Friedrichstraße 4a, 35321 Laubach, Tel. 06405 / 5053300 | **Pkw** A 5 bis Ausfahrt Fernwald, B 457 bis Lich, L 3481 (Gießener Straße) bis Laubach, links in die Kaiserstraße, wieder links in die Friedrichstraße | **Öffnungszeiten** Di – Fr 14 – 17, Sa, So 11 – 17 Uhr | **Tipp** Der Klipsteinturm (Auf der Planke) ist nach seinen Bewohnern im späten 19. Jahrhundert benannt: dem Künstlerehepaar Editha und Felix Klipstein. Die pflegten regen Austausch mit Intellektuellen und Künstlern ihrer Zeit wie Rilke, Mann oder Hesse.

64__Das Schlossmuseum

Zeitzeugnisse aus 500 Jahren Leben im Schloss

Von der ehemaligen Wasserburg aus dem 13. Jahrhundert zum Laubacher Schloss – diese Entwicklung hat fast fünf Jahrhunderte gedauert. Denn der Ausbau der Festung kam erst 1559 mit Friedrich Magnus, der als erster Solmser Graf seinen ständigen Wohnsitz in Laubach genommen hatte, richtig in Schwung und wurde im 18. Jahrhundert abgeschlossen.

Heute bewohnen, bewirtschaften und beleben Karl Georg Graf zu Solms-Laubach und seine Familie das malerische Schloss. Im mächtigen Gewölbekeller des Ostflügels ist seit 2003 das Schlossmuseum untergebracht. Unter einer tonnengewölbten Decke wird historisch und gestalterisch ein Bogen über 500 Jahre Leben im Schloss gespannt.

Die Ausstellung verzichtet überwiegend auf Vitrinen, so können die Besucher Raumgefühl und Atmosphäre der beeindruckenden Räume sinnlich erfahren. Betritt man beispielsweise die wundervoll bemalte Hofstube mit Kreuzgratgewölben, Fliesenboden und gotischen Wandmalereien aus den Jahren 1556/57, die jagdliche Szenen darstellen, meint man, das Klirren der Waffen, das Bellen der Hunde, den Hufschlag der Pferde und das Grunzen eines aufgestöberten Keilers zu hören. Denn über die Jahrhunderte sind die prächtigen jagdlichen Motive an der rauen Wand gut erhalten geblieben.

Neben der Hof-Historie, der Geschichte des Grafen-Hauses und dessen Verbundenheit mit der Region kann man auch einiges über Volksbrauchtum im Laufe der Jahrhunderte erfahren. Wer also wissen will, was es mit einer Vogelsberger Totenkrone auf sich hat, wie die Grafen von Laubach im Spätmittelalter tafelten, was man für einen »Schnepfentaler« bekam oder woher das Sprichwort »Der kann ihm nicht das Wasser reichen« stammt, der wird im Schlossmuseum bei einer Führung die Antworten finden. Beim Ausflug in die Geschichte wandert man staunend vorbei an zehn unterschiedlichen Ausstellungsszenen in verschiedenen Räumen.

Adresse Schloss Laubach, 35321 Laubach | **Pkw** A 5 bis Ausfahrt Lich, B 457 bis Lich, L 3481 (Gießener Straße) bis Laubach, links in die Kaiserstraße, links in die Friedrichstraße, wieder links in die Obere Langgasse, die führt zu Kirchplatz und Schloss | **Öffnungszeiten** Führungen Mitte April bis Ende Oktober Mi 15 Uhr, Gruppenanmeldung unter Tel. 06405/ 91040 | **Tipp** Der Schlosspark ist im Stil eines englischen Landschaftsgartens mit herrlichen Bäumen angelegt, die noch heute von den gräflichen Förstern gepflegt werden. Von einst sieben Teichen sind noch der Schwanen- und der Inselteich erhalten.

65 Die Wüstung Baumkirchen

Die Baumkircher, ein unbeugsames Völkchen im Vogelsberg

Wie einst in der römischen Provinz die wehrhaften Gallier Asterix und Obelix, leben mitten im Land der Laubacher Grafen verschworen und geschichtsbewusst die Mitglieder der »Baumkircher Gesellschaft«. Die Baumkircher sind ein eigenes Völkchen, das noch heute seinen eigenen Bürgermeister (Scholtes) wählt, eigene Feste feiert und bei den Fundamenten seiner ehemaligen Kirche mitten im Wald Gottesdienste feiert, obwohl es die Gemeinde offiziell bereits seit Mitte des 14. Jahrhunderts nicht mehr gibt.

Ob es nun ein fuldischer Abt war, der die Dörfer im idyllischen Mühlental niederbrennen ließ, woraufhin die Bewohner nach Laubach zogen, oder ob es den wenig komfortablen Lebensumständen außerhalb schützender Mauern geschuldet ist, dass Dörfer wie Baumkirchen aufgegeben wurden, das kann heute niemand mehr sagen. Selbst Bernhard Jäger, ehemaliger Scholtes der Baumkircher Gesellschaft und Mit-Entdecker der im Boden verborgenen Fundamente der Kirche, nicht.

Sicher ist hingegen, dass seit jener Zeit die Baumkircher bis heute die Felder und Wiesen ihrer Vorväter besitzen, und es kann nur Mitglied in der Baumkircher Gesellschaft werden, wer Grund auf ehemaligem Gemeinde-Gebiet besitzt.

In den vergangenen Jahren wurden einige der früheren Gehöfte durch das Landesamt für Denkmalpflege mit tatkräftiger Unterstützung der Baumkircher Gesellschaft ausgegraben. Dabei kam unter anderem ein Stachelhalsband für Hunde zum Vorschein, über das ein Denkmalpfleger sogar seine Dissertation schrieb. Die Fundamente der Kirche sind das einzige noch sichtbare Relikt des Ortes. Zwischen 2004 und 2006 freigelegt, wurden sie aus konservatorischen Gründen jedoch gleich wieder verbuddelt. Stattdessen baute man neue, oberirdische Fundamente auf den alten Grundrissen auf. Gleich nebenan, auf dem Friedhof, wurden Gebeine, aber auch viele Gebrauchsgegenstände gefunden.

Adresse 35321 Laubach-Freienseen, im Seenbachtal | **Pkw** A 5 bis Ausfahrt Lich,
B 457 bis Lich, L 3481 bis Laubach, L 3481 bis Abzweig B 276, bis Freienseen, dort vorbei
am Sportplatz Richtung Wald, nach circa 2 Kilometern bis zur Schreinersmühle, knapp
1 Kilometer weiterfahren, oberhalb der Höresmühle liegen die Fundamente der Baum-
kircher Kirche | **Tipp** Nach dem Ausflug in die Geschichte empfiehlt sich eine Einkehr in
die rustikale Schreinersmühle (Schreinersmühle 2) mit schönem Biergarten im lauschigen
Wiesengrund.

66_ Der Hainig

Magie liegt in der Luft

Über die Hainigstraße gelangt man von Lauterbach hinauf zum Hainig. Am Ortsausgang geht die Straße in eine Ahorn-Linden-Allee, angelegt 1912, über. Die Allee wurde damals von den Herren von Riedesel gestiftet, denen der Hainig und das Waldgebiet drum herum bis heute gehören. Oben auf dem Berg mit seinen 600, ja vielleicht sogar 700 Jahre alten Eichen fesselt die Magie des Ortes den Besucher. Ein zauberhaft schöner Platz.

Wahrscheinlich diente der Hainig den Altvordern als Gerichtsstätte. Eine andere Lieblingsvorstellung aller Heimatforscher: Der Hainig sei bereits in germanischer Zeit ein Kultplatz gewesen. Belegt ist beides allerdings nicht. Trotzdem: Der geschichtsträchtige Charakter, der Besuchern auch mal ein leises Schaudern über den Rücken jagt, wird durch die noch vorhandenen Hünengräber auf dem Berg unterstrichen.

Ohne Brüche fügte sich der aus Bruchsteinen gemauerte, 15 Meter hohe Hainigturm in diese Landschaft ein. Einweihung war am 28. Mai 1907. Von hier oben hatte man damals wie heute einen herrlichen Blick über die Wälder zum Schloss Eisenbach, dem Stammsitz der Riedesels, über den Vogelsberg und bis nach Fulda und in die Rhön. Oben auf der Aussichtsplattform sind alle sichtbaren Städte der Region auf einer Metallplatte markiert.

Bei der Einweihung brachte der damalige Bürgermeister Alexander Stöpler den besonderen Reiz des Ortes mit folgenden Worten auf den Punkt: »Wanderer ziehe die Schuhe aus, denn der Ort, auf dem Du stehst, ist ein heiliges Land.«

In der zweiten Hälfte des 19. Jahrhunderts erfuhr der Eichenhain beinahe mystische Verehrung, als der Lauterbacher Turnerverein dort die legendären »Hainigfeste« mit Volksbelustigung und Lampion-Zügen veranstaltete. Seither ist es hier still geworden. Das ist gut so, denn nur in der Stille kann man die Magie des Ortes auf sich wirken lassen.

Adresse auf dem Hainig, über Hainigstraße, 36341 Lauterbach | **Pkw** A 5 bis Alsfeld, L 254 bis Lauterbach; im Ort rechts auf die Hainigstraße | **Tipp** Schloss Eisenbach ist ein beeindruckendes Bauwerk von herber Schönheit und mit herrlichem Park.

67 Der Lauterbacher Strolch

Ein Strolch macht Karriere

Ein altes Volkslied beginnt so: »In Lauterbach hab' ich mein' Strumpf verloren und ohne Strumpf geh ich net heim.« Dieses Liedchen hat einen historischen Hintergrund. Lauterbach war bereits im frühen 19. Jahrhundert eine Stadt der Hut- und Strumpfmanufakturen. Und wie es damals üblich war, zogen junge Handwerksburschen auf Wanderschaft durchs Land. Die hatten nicht immer den besten Ruf. So kam auch ein junger Strumpfmacher aus dem Süddeutschen nach Lauterbach und fand hier Arbeit. Als er im folgenden Frühjahr seinen Ranzen schnürte, vergaß er ebenjenen Strumpf. Angeblich ist aus dieser Episode das Lied entstanden.

Im Jahr 1898 griff der Laubacher Malermeister Julius Siemens die Geschichte auf und entwarf eine »Strumpfkarte«. Richtig Karriere machte jedoch erst das wenige Jahre später entworfene Motiv, das den Lauterbacher Strolch als einen mit nur einem Strumpf bekleideten, fröhlichen Knaben mit rotem Regenschirm und einem Tornister über der Schulter an einem Wegweiser nach Lauterbach zeigt.

Das wurde so erfolgreich, dass sogar Schwester Maria Innocentia Hummel, die »Erfinderin« der weltbekannten »Hummel-Figuren«, einige Kinderkarten und später auch Figuren entwarf, die den Lauterbacher Strolch zeigen. Außerdem avancierte der junge Mann zu einer lokalen Werbeikone: In seinen Tornister wurden Bier-Logos eingepasst oder sein Abbild 1905 auf die Verpackung des Lauterbacher Strolch Camemberts, dem ersten deutschen Camembert, gedruckt.

Heute ziert eine Strolch-Figur des Künstlers Knut Knudsen den Strumpfbrunnen vor der Stadtmühle (Tourist-Information) am Marktplatz 1. Seit 2005 steht an einem besonders lauschigen Plätzchen, unter Weidenzweigen im Wasser an den Trittsteinen über die Lauter, eine zweite. Bei Sonnenschein glänzt diese golden, und man möchte meinen, der Strolch grinst verschmitzt, während man über die Trittsteine balanciert.

Adresse Stadtmühle, Marktplatz 1, 36341 Lauterbach; Trittsteine zwischen den Straßen Am See und Am Graben | **Pkw** A 5 bis Alsfeld, L 254 bis Lauterbach, am Kreisverkehr geradeaus (Cent), dann in die Vogelsbergstraße bis zum 2. Kreisverkehr, hier links in »Hinter dem Spittel«, dann rechts über die Obergasse zum Marktplatz | **Tipp** In der Schmiede »Schmiedeglut« (Am Brennerwasser 14) von Nandger Franck kann man Messer, Schwerter, Äxte nicht nur kaufen, sondern nach Terminvereinbarung auch selbst herstellen.

68__ Die Hutmanufaktur Wegener

Cowboyhüte aus dem Vogelsberg

Voraussetzung für die Ansiedlung von Manufakturen und Industrie: vorhandene Rohstoffe und Energie. Beides hält der Vogelsberg gerade für die Hutproduktion bereit: Wolle von Schafen, Leinen und Wasserkraft. Und einen Hut konnte und kann man im rauen Mittelgebirgsklima gut gebrauchen, warme Filzpantoffeln ebenfalls. So haben das Filzen und die Produktion von Hüten und Mützen hier eine lange Tradition. Eine der bedeutendsten und letzten Manufakturen in Lauterbach ist die Hutfabrik Wegener, die bereits 1884 von Hamburg-Altona hierher umsiedelte.

Aus Lauterbach kommen neben Herren- und Damenhüten, Kindermützen und Accessoires wie Handschuhen und Schals unter anderem für namhafte Labels wie Bugatti, Baldessarini oder Bruno Banani seit 1964 auch die Zylinder und Kappen der Deutschen Reiter bei Olympia, und Wegener ist seit Jahrzehnten der größte Lieferant für Zylinder für das Pferderennen in Ascot. Viel verrückter ist aber eine andere Geschichte. Klaus Theodor Wegner, der 1945 mit seinem Bruder Hans die Leitung des Unternehmens übernahm, sammelte umfangreiches technisches Produktionswissen während mehrerer Aufenthalte in den USA. So erlernte er in Dallas / Texas auch die Herstellung der aus jedem Western bekannten Cowboyhüte. In jener Zeit gründet ein beinahe freundschaftliches Verhältnis zum Hersteller Resistol. Bereits 1958 erhielt Wegner von den Texanern die Lizenz für die Herstellung der Resistol-Markenhüte.

Nachhaltiges Wirtschaften und soziales Engagement prägen die Firmenphilosophie seit der Gründung von Wegener: So errichteten die Brüder Kurt Theodor und Edgar Wegener bereits in den Jahren zwischen den beiden Weltkriegen mehrere Häuser, in denen ihre Mitarbeiter zu niedrigen Mieten wohnen konnten. Blitzenrod gilt als die erste Arbeitersiedlung im Vogelsberg.

Adresse Vogelsbergstraße 157, 36341 Lauterbach-Blitzenrod, Tel. 06641 / 96930 | **Pkw** A 5 bis Alsfeld, L 254 bis Lauterbach, L 275 (Vogelsbergstraße) bis Blitzenrod | **Öffnungs-zeiten** Besichtigung nach Vereinbarung | **Tipp** Im Barockschlösschen, dem ehemaligen Palais der Freiherren Riedesel zu Eisenbach (Eisenbacher Tor 1), befindet sich seit 1931 die umfangreiche Sammlung des Lauterbacher Museums.

69__Das Kuh-Kino

Lauter glückliche Kühe

Manche Kinder glauben vielleicht, dass Kühe lila sind und die Milch aus dem Tetrapack kommt. Denen kann geholfen werden. Einblicke in den Kuhstall und die traditionelle bäuerliche Landwirtschaft gewährt Hubert Dechert auf seinem Bauernhof. Er ist Landwirt, Milchviehzüchter und -halter, und manche bezeichnen ihn auch als den »Pferdeflüsterer vom Vogelsberg«. Denn der smarte Bauer ist ein begeisterter Kutschfahrer und zeigt außerdem, bei Turnieren und Pferdeschauen auf seinen beiden Rheinischen Kaltblütern balancierend, die »Ungarische Post«. Ihr tägliches Brot verdienen sich die beiden mächtigen Kaltblüter vor der Kutsche oder dem Planwagen. Denn Hubert Dechert fährt auch Gäste durch die herrliche Landschaft seiner Heimat.

Warum sollte man nun ausgerechnet in den Lauterbacher Ortsteil Heblos fahren, um sich einen Kuhstall anzuschauen? Die Frage ist einfach zu beantworten: Weil hier lauter glückliche Kühe leben. Keine Kuh ist angebunden, außer denen auf der »Entbindungsstation«. Und das auch nur so lange, bis die Kälber geboren und ein paar Tage alt sind. Dann geht es wieder zurück in den komfortablen Freilaufstall. Hier hat jede der bunt gefleckten Damen einen eigenen Liegeplatz, kann zur Fellpflege zur Nachbarin gehen oder sich am immer reichlich gedeckten Futtertisch bedienen. Logisch, dass Heu, Stroh und Futter aus hofeigener Produktion stammen.

Der Hit: die 24-Stunden-Melkanlage. Hier können sich die Kühe rund um die Uhr vollautomatisch melken lassen. Denn Kühe sind nicht doof. Sie wissen genau, wo man sich anstellen muss, damit die Melkmaschine andocken kann. Vollautomatische Euterpflege nach dem Melken inklusive.

Große Glasscheiben im Büro des Bauern gewähren beste Aussichten auf das gemächliche Treiben im Stall – ein Glas frische Milch inklusive. Eine Besichtigung ist nur in Verbindung mit einer Planwagenfahrt möglich.

Adresse Brückenstraße 24, 36341 Lauterbach-Heblos | **Pkw** A 5 bis Alsfeld, L 254 bis Abfahrt Lauterbach-Heblos, L 3161 (Brückenstraße) bis Heblos | **Öffnungszeiten** Besichtigung nur bei Buchung einer Kutschfahrt, Terminvereinbarung Tel. 06641 / 5474 | **Tipp** Schloss Sickendorf (Hofstraße) wurde im Jahre 1885 im klassischen Elbvillenstil mit großer Parkanlage und separatem Gästehaus erbaut. Das Anwesen befindet sich seit 2008 in Privatbesitz und wird derzeit unter Aufsicht des Landesamtes für Denkmalschutz saniert.

70__Die Galgensäulen
Lieblingsplatz für Vogelsberger Ghostbuster

Wenn Nebel ziehen oder die Dämmerung hereinbricht, wenn Wolken in Vollmondnächten am Himmel entlangjagen und lange Schatten werfen – dann ist es rund um die Hopfmannsfelder Galgensäulen nicht ganz geheuer. Tod durch Erhängen war im Mittelalter eine gängige Methode, um Diebe, Räuber, Vaganten und andere Sünder vom Leben zum Tode zu befördern. Adelige dagegen »machten Bekanntschaft mit dem Schwert«, wurden also enthauptet. Dies wurde ab 1871 im ganzen Deutschen Reich zur gesetzlich vorgeschriebenen Exekutionsmethode.

Ob zwischen den beiden robusten Sandsteinsäulen des Hopfmannsfelder Galgens, anno 1707 errichtet, überhaupt jemals ein Delinquent hingerichtet wurde, ist fraglich. Denn die damaligen Landesherren, die Herren von Riedesel, verlegten die »Halsgerichtsbarkeit« im 18. Jahrhundert nach Lauterbach.

Bevor der Galgen errichtet wurde, leisteten sich die Hopfmannsfelder einen kuriosen Schildbürgerstreich. Ein gefangener Dieb sollte wie immer im benachbarten Rixfeld hingerichtet werden. Allerdings verlangte man dort statt der üblichen 20 Dukaten plötzlich 50. Das war den Dörflern zu viel, und so kerkerten sie den Gefangen ein, was sie auf Dauer recht teuer kam. Schließlich drückten sie dem Dieb 20 Dukaten mit der Auflage in die Hand, sich dafür am nächsten Galgen selbst aufhängen. So wird es erzählt.

Dem Galgen selbst ging es in der Geschichte öfter einmal an den Kragen: 1848 wollten revolutionäre Lauterbacher Studenten die Richtstätte zerstören, 1891 sollte der Sandstein als Hochwasserschutz verbaut werden, der morsch gewordene Balken wurde kurz darauf von einer Hopfmannsfelderin nach Hause getragen und verfeuert. Heute sind die Säulen inmitten von Weiden eine schaurigschöne Station am Wanderweg »Vulkanring Vogelsberg«, der die alte Frankfurter Fahrstraße zwischen Hopfmannsfeld und Hörgenau hier kreuzt. Tolle Aussicht und wohlige Schauer inklusive.

Adresse oberhalb der K 111 am Galgenweg zwischen 36369 Lautertal-Hopfmannsfeld und -Hörgenau | **Pkw** A 66 bis Ausfahrt Schlüchtern, L 3180, L 3179, L 3178 bis Greben-hain, L 275 Richtung Lauterbach, Abzweig L 3139 Richtung Lautertal, Abzweig K 111 Richtung Hopfmannsfeld, ausgeschildert | **Tipp** In der Einmündung zur Schlitzer Gasse steht ein einmaliges, weil einarmiges Sühnekreuz. Mit diesen wurden meist Bluttaten gesühnt, die anno dazumal weniger hart bestraft wurden als Diebstähle zum Beispiel.

71___ Der Totenköppel

Mystischer Hügel

Kultstätte der Chatten, einziger Sippenfriedhof Deutschlands, auf dem diese Bestattungstradition erhalten geblieben ist, und eine aus Feldsteinen erbaute Totenkirche, die sich nahtlos in die Gesamtästhetik der Landschaft einfügt – der Totenköppel oberhalb von Meiches ist ein ganz besonderer Ort.

Die Sage, hier habe Bonifatius auf seinem Weg von Kloster Amöneburg nach Fulda gepredigt, ist zwar nicht belegt, aber eine weitere Würdigung des Ortes. Steht man hier oben und lässt den Blick über die nur teilweise gezähmte Natur zur Burg Herzberg oder bis nach Amöneburg, auf einem markanten Vulkankegel errichtet, schweifen, spürt man seine Magie.

Auf dem Totenköppel stand bereits um 1250 ein Gotteshaus, das bis 1627 als Pfarrkirche für die umliegenden Gemeinden diente. Noch heute findet am zweiten Pfingstfeiertag, am Ostermorgen und vierten Adventssonntag auf dem Totenköppel ein Gottesdienst statt. Das einfache Holzkreuz, das bis in die 1980er Jahre über dem Altar in der Kirche hing, hat wohl ein Gottloser mitgenommen. Andere Kulturzeugnisse haben die Jahrhunderte aber überdauert. Bei Restaurierungsarbeiten wurde das Andachtsbild »Christus als Schmerzensmann« unter einer dicken Schicht Lehmputz entdeckt. Bemerkenswert ist auch der Taufstein, der bis in die 1960er Jahre vor der Kirche stand. Das darin gesammelte Regenwasser sollte angeblich Augenleiden lindern und wurde bis nach Amerika verschickt. Heute steht der einst reich mit biblischen Szenen verzierte Stein, vermutlich aus dem Jahr 1501, im Kircheninnenraum.

Auf dem Friedhof ruhen die Menschen unter alten Buchen in Sippengräbern. Zu jedem Haus und jeder Familie im Dorf gehört eine bestimmte Grabstätte. Hier werden die Verstorbenen in den Gräbern ihrer Vorfahren zur letzten Ruhe gebettet. Ortskundige können aus der Lage gar die bauliche Dorfentwicklungsgeschichte im Tal ablesen.

SIPPENFRIEDHOF TOTENKOEPPE

Adresse Unterhalb der L 3162 zwischen 36369 Lautertal-Meiches und Helpershain | **Pkw** A 5 Ausfahrt Romrod, L 3070 bis Romrod, L 3165 bis Vadenrod, L 3162 bis Meiches, ausgeschildert | **Tipp** Im Ortsteil Dirlammen ist die schön sanierte Fachwerkkirche (Lauterbacher Straße) ein Schmuckstück. Das älteste Gebäude des Ortes ist in seiner ursprünglichen Bauweise – auch nach der Sanierung – erhalten geblieben.

72 Das Kloster Arnsburg

Auf dem Weg zum Paradies

Kloster Arnsburg, im idyllischen Tal der Wetter gelegen, hat einen ganz besonderen Charme. Dazu tragen die wehrhafte, gut erhaltene, 1,6 Kilometer lange Mauer rundum und die himmelstürmenden Chorruinen seiner verfallenen Klosterkirche ebenso bei wie die gepflasterten Straßen und ein allerliebstes Souvenirlädchen. Man betritt das Kloster durch das repräsentative barocke Pfortenhaus. In dessen Mitte heißt eine Figur des heiligen Bernard von Clairvaux mit Buch und Krummstab in den Händen die Gäste willkommen. Er ist Gründer des Zisterzienserordens. Kloster Arnsburg, Baubeginn 1197, ist wie das berühmte Mutterkloster Eberbach im Rheingau eine Gründung seines Ordens.

Über die Jahrhunderte war die Abtei ein Zentrum des geistigen und kulturellen Lebens in der Region, hat wechselvolle und kriegerische Zeiten mal mehr, mal weniger unbeschadet überstanden. Aber über sieben Jahrhunderte, bis zur Säkularisierung 1803, wurde die Anlage nach Zerstörungen immer wieder aufgebaut und erweitert, wertvolle Kunstschätze und Bücher angehäuft.

Zahlreiche Gebäude wurden erhalten und restauriert. So der Bursenbau (heute teilweise Hotel) aus dem 13. Jahrhundert. Durch das mit einem Rundbogen versehene Tor gelangt man in den Innenhof der Klosteranlage. Der wird auf der gegenüberliegenden Seite vom um 1250 erbauten Kreuzgang begrenzt.

Durch eine Drehtür linker Hand gelangt man zur Ruine der dreischiffigen Klosterkirche. Die misst in der Länge einschließlich Vorkirche und Kapellenkranz 85,30 Meter. Ein Dach gibt es nicht mehr, und so scheinen die reich mit Fresken und Kapitellen verzierten Mauern in den Himmel zu streben und machen den Kulissen im Film »Der Name der Rose« Konkurrenz. Im gut erhaltenen Dormitorium, dem ehemaligen Schlafsaal der Mönche, mit wunderschönen Sandsteinbögen und einer aufwendig gestalteten Holzdecke finden heute Ausstellungen und Konzerte statt.

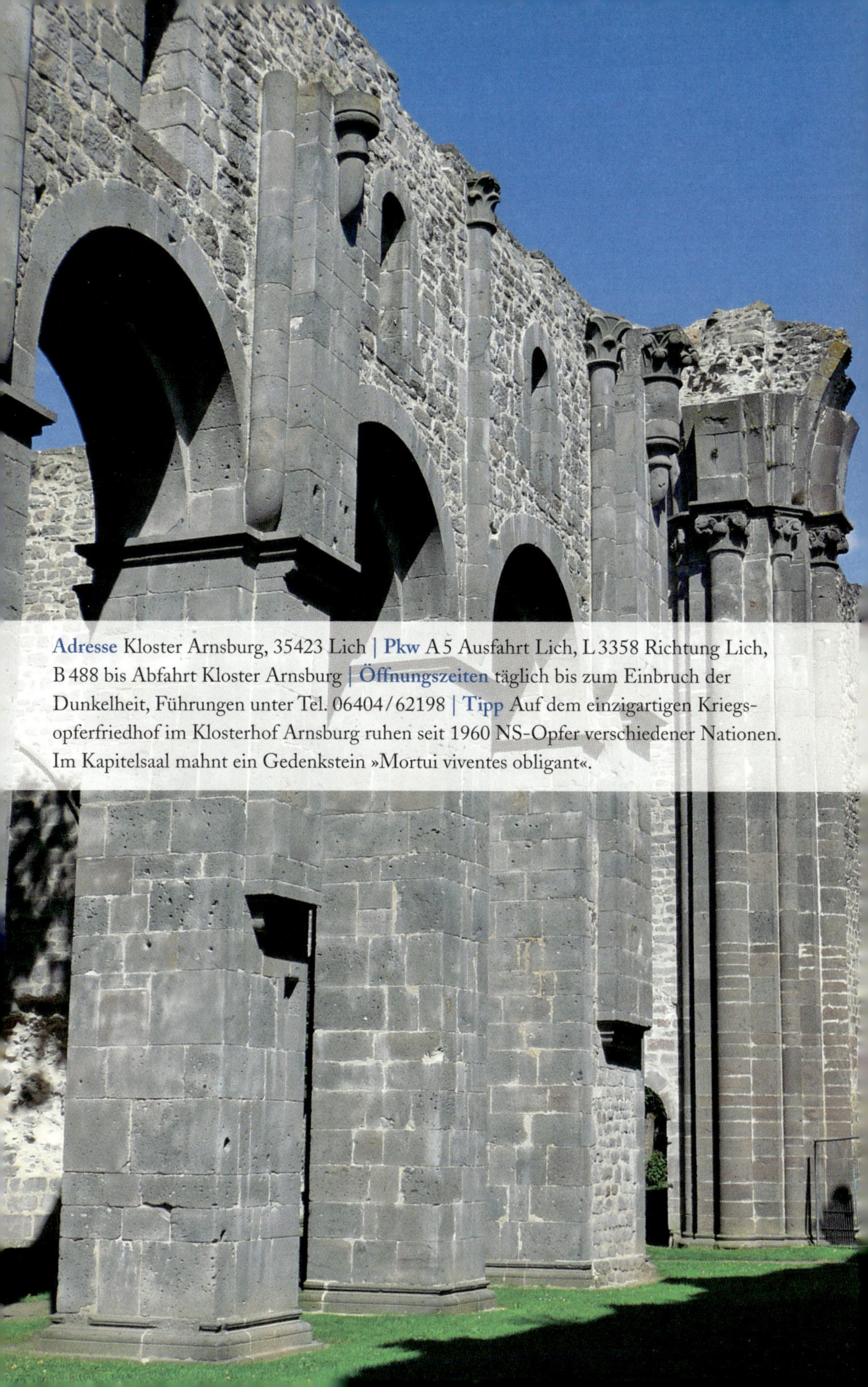

Adresse Kloster Arnsburg, 35423 Lich | **Pkw** A 5 Ausfahrt Lich, L 3358 Richtung Lich, B 488 bis Abfahrt Kloster Arnsburg | **Öffnungszeiten** täglich bis zum Einbruch der Dunkelheit, Führungen unter Tel. 06404/62198 | **Tipp** Auf dem einzigartigen Kriegsopferfriedhof im Klosterhof Arnsburg ruhen seit 1960 NS-Opfer verschiedener Nationen. Im Kapitelsaal mahnt ein Gedenkstein »Mortui viventes obligant«.

73_ Der Pferdestall der Licher Brauerei

Besuch bei Hessens einzigem Brauerei-Gespann

Seit ihrer Gründung in der Residenzstadt Lich 1854 gehören schwere Kaltblutpferde zu der Brauerei im Herzen der Natur. Bis in die 1960er Jahre verdienten die sich ihr Futter als Nutztiere, zogen die mit Bierfässern beladenen Wagen zu Gasthöfen in der Region. 1962 wurde ein Festwagen angeschafft, geschmückt, und das Brauereigespann hatte seine ersten, vielbeklatschten Auftritte bei Festumzügen. Heute unterhält die Licher Brauerei als einzige in Hessen noch ein brauereieigenes Gespann, insgesamt acht Rheinisch-Deutsche Kaltblüter, kompakte Pferde mit mächtigem Hals und muskulösem Hinterteil, hübschem Gesicht und freundlichen Augen. Diese Pferderasse ist vom Aussterben bedroht und steht auf der Roten Liste der gefährdeten einheimischen Nutztierrassen. Den Pferdestall auf dem Brauereigelände und seine Bewohner kann man im Rahmen einer Brauereiführung besuchen.

Der im Jahr 2000 gebaute neue Pferdestall bietet Max und Moritz, Peter und Felix, Alex und Rex, Jumbo und Emmi allen denkbaren Komfort: striegeln, persönliche Betreuung durch den Stallmeister und seine Mitarbeiter. Dazwischen kappeln sich die gutmütigen Schwergewichte freundschaftlich über die grün lackierten Absperrungen hinweg oder dösen in ihren geräumigen Innenboxen oder auf dem sandigen Paddock dem nächsten Arbeitseinsatz oder der nächsten Trainingsfahrt entgegen.

Jedes Jahr fährt das Gespann 25 bis 30 Fest-Einsätze. Bei Schaufahrten wird sechsspännig angeschirrt, zwei Kutscher sitzen auf dem Bock und dirigieren mit 60 Meter langen Leinen die mächtigen Rösser. Das 18,5 Meter lange Gespann ist bei Festen wie dem Hessentag oder dem Laternenfest in Bad Homburg *die* Attraktion. Für die täglichen Trainingsfahrten mit einem leichteren Wagen werden nur zwei oder vier Pferde angespannt.

Adresse In den Hardtberggärten, 35423 Lich, Tel. 06404/820 | **Pkw** A 5 Ausfahrt Lich, B 448 (Kolnhäuser/Gießener Straße), rechts auf Am Wall, rechts Am Schwanensee, geht über in Hopfengarten, dann in Heinrich-Neeb-Straße, rechts Am Hardtberg, dort Eingang zur Brauerei | **Öffnungszeiten** Besichtigung vor oder nach Brauereiführungen, Mi, Do 15.30–18 und 18.30–21 Uhr | **Tipp** Noch heute umgibt ein Wassergraben einen Teil der gut erhaltenen und sanierten Schlossanlage (Schloßgasse) der Fürsten zu Solms-Hohensolms-Lich. Prominentester Bewohner: FDP-Urgestein Dr. Otto Solms.

74_ Der Heilige Stein
Zeugnis für steinzeitliche Sepulkralkultur

Eines der ältesten menschlichen Zeugnisse in der Wetterau ist der Heilige Stein, eine jungsteinzeitliche Begräbnisstätte. Dominant thront der sieben Tonnen schwere Menhir nördlich der Grabkammer. Das Megalithgrab liegt auf der Nordwestseite des 200 Meter hohen Wetterbergkopfes und ist um die 3.000 Jahre alt. Heute liegt das Grab frei, über Jahrtausende war die Steinkammer von einem Erdhügel überwölbt. Die Lage ist exponiert: Weit schweift der Blick zur Burg Münzenberg, zum Taunus mit dem Feldberg oder bis in den hohen Vogelsberg. Eine Bank lädt zur besinnlichen Rast, Informationstafeln erklären den Ort und seine Geschichte.

Die Bauweise mit ortsfremden, mittlerweile vom Lauf der Zeit gezeichneten Felsbrocken gleicht der im Burgund gefundener Gräber. In dieser Zeit entstanden auch die rätselhaften Anlagen bei Stonehenge oder die Nuragen auf Sizilien. Die mächtigen Steine wurden auf Rollen über Blöcke und Rampen an Seilen und mit nichts als Muskelkraft aus der Umgebung von Münzenberg herangeschleppt, hat die Wissenschaft herausgefunden.

Das Grab wurde 1892/93 wiederentdeckt. 100 Gespanne Erde wurden abgetragen, bevor es sichtbar wurde. Die tonnenschweren Decksteine waren stark beschädigt und teilweise gebrochen. Sein Entdecker Friedrich Kofler ließ das Megalithgrab als »Denkmal der Urgeschichte« herrichten. Dabei wurde der originale Zustand des steinernen Zeitzeugen jedoch zerstört. Erst in den Jahren 1989 bis 1998 wurde der Ort von einem Gießener Professor und seinen Archäologie-Studenten erneut eingehend erforscht und in aufwendiger Arbeit unter dem Einsatz von technischem Gerät in seiner ursprünglichen Form rekonstruiert. Eine der größten Herausforderungen: die geborstenen, tonnenschweren Decksteine zusammenzufügen. Dazu wurden sie angebohrt, verdübelt und mit einem speziellen Kleber gekittet. Diese Nahtstellen sind bei genauer Betrachtung zu entdecken.

Adresse 35423 Lich-Muschenheim, außerhalb | **Pkw** A 45 Ausfahrt Lich, B 488, L 3131 bis Muschenheim, Brückengasse in Muschenheim, K 167 bis Kreuzung Schieberweg, asphaltierter Feldweg bis Parkplatz am Heiligen Stein | **Tipp** Vom Heiligen Stein führt der »Kulturhistorische Wanderweg« ins Tal Richtung Birklar, wo im Wald 40 Hügelgräber ihrer Entdeckung harren.

75__Die Burg Münzenberg
Das Wetterauer Tintenfass

Die Burg Münzenberg, ein mächtiges Bauwerk aus der Stauferzeit (12. Jahrhundert) mit zwei hoch aufragenden Bergfrieden, erhebt sich auf einem Basaltkegel. Die beiden wuchtigen Wehrtürme sehen von der Ferne aus wie ein Tintenfass. Daher auch der Spitzname »Wetterauer Tintenfass«. Kuno I. von Münzenberg ließ die Anlage ab Mitte des 12. Jahrhunderts auf Geheiß von Kaiser Barbarossa zur Sicherung des Reichslandes errichten. Heute kann man die 144 Stufen zur Aussichtsplattform des Burgturms erklimmen und wird für den atemraubenden Aufstieg mit einem grandiosen Blick über die Wetterau belohnt.

Bei einer Führung räumt Heimatkenner Johannes Hummel erst einmal mit der Annahme auf, der Name der Festung beziehe sich vielleicht auf das Münzprägerecht. Denn ein Teil des Palas (repräsentatives Hauptgebäude einer Burg) wurde bis ins 19. Jahrhundert im Volksmund »Münze« genannt. Es wurden auch Silbermünzen gefunden, die das Abbild des Kuno von Münzenberg tragen. Trotzdem leitet sich der Name von Minze ab. Ein Stängel des Heilkrautes zierte nämlich auch das Wappen der Münzenberger Herren. Wie aus der Minzen- die Münzenburg wurde, ist nicht überliefert.

Um die innere Burg, von der heute noch der Palas und die beiden Wehrtürme erhalten sind, zieht sich im Oval eine dicke, hohe Mauer aus Buckelsandsteinquadern. Die war ursprünglich mit hohen Zinnen versehen, dahinter verlief der Wehrgang. Zur besseren Verteidigung wurden zwei weitere Wälle gezogen und diese durch Zwischenmauern in sogenannte Zwinger geteilt. Betritt man den Innenhof, ist man von der Weitläufigkeit überrascht, und der Blick bleibt sofort an der schönen Fassade des Palas mit Wohnhalle, Kemenate und Wirtschaftsräumen der Burgherren hängen. Markant: die kunstvoll verzierten Fenster. Fast möchte man meinen, auf der Stelle trete ein Ritter mit glänzender Rüstung und Burgfräulein am Arm heraus.

Adresse Unter der Burg, 35516 Münzenberg | **Pkw** A 5 Ausfahrt Butzbach, L 3134 bis Rockenberg, L 3135 bis Münzenberg oder A 45 Ausfahrt Münzenberg, K 166, L 3136 bis Münzenberg, rechts in Wohnbacher Straße, rechts in »Unter der Burg« | **Öffnungs- zeiten** Mai–Sept. Di–So 10–18.30 Uhr, in den Sommerferien auch Mo, sonst nach Vereinbarung beim Freundeskreis der Burg Münzenberg, Tel. 06004/1390 | **Tipp** Geheimnisumwittert sind die Münzenberger Mühlsteine (Steinberg), die aber der Konstruktion nach gar keine Mühlsteine sind. Heimatforscher vermuten, dass es sich bei den runden, bearbeiteten Steinen um Tauf- oder Kultsteine handelt.

76_ Der Geologische Garten

Stein-Reich

Wie kommen indianische Tipis in die Wetterau? Warum schleppt man gut 300 Tonnen Gestein auf einen Lagerplatz? Der Geologische Garten Münzenberg gibt dem zufällig vorbeikommenden Wanderer zunächst Rätsel auf. Die werden bei einer Führung durch diese außergewöhnliche Gesteinssammlung aber schnell gelöst. Eigentümer ist Franz Dietrich Oeste. Der Ingenieur hatte schon immer eine große Affinität zu Steinen und hat sich mit dem Geologischen Garten einen Herzenswunsch erfüllt. Er habe diesen Park in Münzenberg angelegt, weil die Gegend für ihre Vielfalt an Gesteinsarten bekannt sei, erklärt er. Mehr als 100 dieser Gesteine kann man hier besichtigen und sich erklären lassen. Der Park sei der Gegenentwurf zu geologischen Pfaden, bei denen man am Ende der Wanderung oft nicht mehr so genau wisse, was man zu Anfang gesehen hat, sagt Oeste. »Die Idee meines Geologischen Gartens ist es, dem interessierten Besucher anhand der verschiedenen Gesteinsmuster die natürlichen Kreisprozesse des Werdens und Vergehens der Gesteine, Gebirge, Meere und Kontinente zu erklären und Verständnis für diese Prozesse zu wecken.«

Paläozoische Kalkgesteine, grau geaderte Quarzitgerölle, die ältesten fossilienführenden Gesteine Hessens, oder in Mineralwasser-Aureole gehärteter Schiefer – die Liste der Gesteine ist lang. Im Amphitheater sind sie nach Entstehungszeit und Art in Gruppen zusammengestellt. Nimmt man dort auf einer der Sitzflächen Platz, liegt die Erdgeschichte wie ein aufgeschlagenes Buch vor dem Betrachter.

Zusammengetragen wurden die Mineralien und Felsbrocken während Straßenbaumaßnahmen, in Neubaugebieten und auf Lesesteinsammelplätzen in der Gemarkung Münzenberg. Zudem bereichern private Spenden die Sammlung. In den Tipis lagern weitere Preziosen wie die farbenprächtigen Sandgesteine der Wetterau oder Sandrosen aus der Rockenberger Hölle.

Adresse 35516 Münzenberg | **Pkw** A 5 Ausfahrt Butzbach, L 3134 bis Rockenberg, L 3135 bis Münzenberg oder A 45 Ausfahrt Münzenberg, K 166, L 3136 bis Münzenberg, parken am Sportplatz »Am Viehtrieb«. Von hier sieht man die Spitzen der Tipis. | **Öffnungszeiten** Besichtigungen im Rahmen von Führungen, Tel. 06036 / 5750 (Bernd Gutschera) oder Tel. 06004 / 3072 (Hagen Groß) | **Tipp** Der Münzenberger Galgen (südwestlich vom alten Stadtkern) gehört zu den wenigen noch erhaltenen gemauerten Hinrichtungsstätten dieser Art in Oberhessen.

77_Der Kräppelstein

Ein freundlicher Riese

Obelix hätte seine Freude an diesem Megalith aus der Jungsteinzeit gehabt. Allerdings hätte er für dessen Transport ein Extra-Schlückchen vom Zaubertrank des Miraculix gebraucht, auch wenn er den obligatorischen Hinkelsteinen in der Comic-Serie ähnlich ist. Geologisch betrachtet ist der drei Meter lange und einen Meter dicke Kräppelstein ein Konglomerat aus Taunusgeröll und Quarzsand. Der stattliche Brocken aus der Jungsteinzeit stand seit Menschengedenken und noch viel länger dort, wo heute der Verkehr über die A 66 braust. Er musste beim Bau des Betonbandes weichen und steht nun solitär an der K 166 (Wetterstraße) zwischen Münzenberg und dem Ortsteil Trais-Münzenberg. Der knubbelige Stein ist nicht zu übersehen, eine Bank davor lädt zur Rast ein. Zahlreiche märchenhafte Erzählungen ranken sich um ihn. Ob er nun zu einem Kultplatz gehörte oder einfach ein Zeuge vulkanischer Tätigkeit in grauer Vorzeit ist, das bleibt sein Geheimnis.

Der Volksmund schreibt dem Kräppelstein ausgesuchte Freundlichkeit zu. Zieht man nämlich vor ihm den Hut, dann verbeugt er sich knirschend vor dem Grüßenden. Probieren Sie es aus! Zudem soll er sich pünktlich um Mitternacht einmal um seine eigene Achse drehen.

In alten Geschichten wird ebenfalls erzählt, dass der Kräppelstein einst auf dem Steinberg stand. In einer kalten, regnerischen Nacht sei er, weil es ihm auf den zugigen Hängen zu ungemütlich war, an seinen neuen Platz gewandert. So weit die Legende. Vielleicht hat ihn auch ein oberhessischer Obelix dorthin getragen. Sicher ist, dass sich im heutigen Naturschutzgebiet Steinberg mit angrenzendem Steinbruch auch ein »Felsenmeer« mit ebenjenen Konglomerat-Sandsteinblöcken befindet. Die Gegend um Münzenberg ist stein-reich, so wurde im Steinbruch zwischen 1900 und 1923 auch der als Baumaterial geschätzte »Münzenberger Blättersandstein« abgebaut.

Adresse 35516 Münzenberg, an der K 166 zwischen Münzenberg und Trais-Münzenberg | **Pkw** A 45 bis Ausfahrt Münzenberg, links auf K 166 Richtung Trais-Münzenberg, am ersten Feldweg nach rechts steht der Kräppelstein | **Tipp** Die Münzenberger Salzwiesen (zwischen Münzenberg und Ober-Hörgern) sind das größte hessische Binnensalzwiesen-Gebiet.

78_ Der Johanniterturm
Der schiefe Turm von Nidda

Markant erhebt sich die schiefe Spitze des ehemaligen Kirchturms der Johanniterkirche über Nidda. Das Städtchen am Fuße des Vogelsberges ist die älteste Komturei in Hessen. Eine Komturei war das Konventshaus geistlicher Ritterorden wie der Johanniter und Verwaltungseinheit zugleich. Die Ordensmitglieder gehörten zur geistigen und wirtschaftlichen Elite und waren Impulsgeber für die wirtschaftliche und geistige Entwicklung der Region.

Die Johanniterkirche wurde erstmals 1187 erwähnt. Damals schenkte Graf Berthold II. von Nidda sie dem Orden, und sie avancierte zur Pfarrkirche für Nidda und die umliegenden Dörfer. Der Turm wurde 1491 und 1492 nachträglich angebaut. Während die Niederlassung der Johanniter im 13. Jahrhundert ihren Höhepunkt erlebte und sich das alte Nidda an den Hang rund um die Kirche schmiegte, ließen die Grafen von Ziegenhain und Nidda auf der anderen Seite des Flusses eine Burg errichten. Drum herum entstand schon bald eine zweite, neue Siedlung.

Im 17. Jahrhundert verlor die baufällig gewordene Johanniterkirche an Bedeutung und wurde von der protestantischen Kirche »Zum heiligen Geist« im »neuen« Nidda als Hauptkirche abgelöst. Im Dreißigjährigen Krieg (1618–1648) wurde sie dann so stark zerstört, dass sie von den Bürgern Niddas als Steinbruch genutzt wurde. Heute ist der Grundriss der ehemals dreischiffigen Basilika im Park mit Mauern, Pflasterungen und Hecken nachgebildet.

Auch am Kirchturm nagte der Zahn der Zeit. 2007 wurden bei einer statischen Überprüfung gravierende Schäden am Gebälk festgestellt. Mit einer umfangreichen Sanierung, Kosten circa 350.000 Euro, wurde der Turm als letztes Zeugnis der ältesten Niederlassung des Ordens in Hessen gerettet.

Die historischen Glocken im Innern zählen zu den ältesten und schönsten Geläuten Hessens. Seit Sommer 2013 kann der Johanniterturm auch wieder bestiegen werden.

Adresse Johanniterhof, 63667 Nidda | **Pkw** A 45 bis Ausfahrt Staden / Nieder-Mockstadt, B 275 bis Ranstadt, B 457 bis Nidda, dort links auf die K 196, 2. links | **Tipp** Im jüdischen Zimmermann- Strauß-Museum (Raun 62) werden Zeugnisse jüdischen Lebens in Nidda, unter anderem ein Modell der 1877 errichteten Synagoge, gezeigt.

79__ Die Stadtkirche »Zum Heiligen Geist«

Von Bau- und anderen Sünden

Die erste protestantische Saalkirche Oberhessens, erbaut ab 1615 und 1618 geweiht, überstand die Wirren des Dreißigjährigen Krieges unbeschadet und besticht noch heute durch ihre würdevolle Schlichtheit.

Amüsant ist die Anekdote über den italienischen Baumeister Ulrich de Fonesto, auch der »Mailänder« oder »Wolf« genannt, der mit den Maurerarbeiten betraut war. Beim Bau zur Eile angetrieben, leisteten sich der Meister und seine Gesellen das, was man heute als »Pfusch am Bau« bezeichnet. Kaum war der Rohbau fertiggestellt, zeigten sich Risse, und nach einem Gutachten des landgräflichen Baumeisters musste ein Teil wieder abgerissen werden. Der »Mailänder« hatte sich jedoch unterdessen samt Gesellen aus dem Staub gemacht, ohne seine offenen Rechnungen von mehr als 100 Gulden bei Gastwirten, Metzgern und Bäckern beglichen zu haben. Der Landgraf erließ zwar einen Haftbefehl, doch der schlaue Wolf war längst über alle Berge. So weit die Geschichte(n)!

Das Gotteshaus ist täglich für Besucher geöffnet. Betritt man es durch die Seitentür, öffnet sich ein lichter Raum mit Blick zum Chor, dem Paradies, mit Altar und Kanzel. Letztere ist ein besonders wertvolles Stück: Sie wurde bereits 1615 geschnitzt, üppig mit Figuren wie den vier Evangelisten und dem Apostel Paulus sowie biblischen Szenen, darunter die Auferstehung Christi, verziert.

Auch der Himmel, also die 1985 restaurierte Stuckdecke, ist prächtig gestaltet. Sie ist in verschiedene geometrische Felder gegliedert, die die farbenprächtigen Wappen der Stifter, des Landgrafen Ludwig V. und seiner Gemahlin Magdalena von Brandenburg, ebenso zeigen wie einen Pelikan, Symbol für die aufopferungsvolle Liebe Christi. Auch der Doppeladler als Symbol des Reiches ist in Stuck modelliert.

Adresse Auf dem Graben, 63667 Nidda | **Pkw** A 45 bis Ausfahrt Staden/Nieder-Mockstadt, B 275 bis Ranstadt, B 457 bis Nidda, im Ortskern rechts auf »Auf dem Graben« | **Öffnungs- zeiten** täglich 9–18 Uhr durch die Seitenpforte | **Tipp** In der Gasthofbrauerei »Zur Traube« (Markt 21) wird das beste Bier weit und breit gebraut. Aus der Küche kommt deftige Haus- mannskost, und im Biergarten auf dem Marktplatz sitzt man mit Aussicht.

80__ Das Atelier Dieter Schiele

Wer malen will, muss sehen können

Ein Maler namens Schiele? Sofort denkt man an den Expressionisten Egon Schiele. Sein Großneffe Dieter Schiele hat dessen künstlerisches Talent geerbt und bringt Eleven und Fortgeschrittenen in seiner Malschule in Bad Salzhausen das richtige Sehen und den individuellen Strich bei. Er selbst bezeichnet seine mal großflächigen, mal mit dem Einhaarpinsel gefertigten Werke als naturalistisch. Falken, Pferde und wilde Tiere haben es ihm besonders angetan. Momente des Glücks für immer mit Pinsel und Öl auf Leinwand zu bannen, das ist seine Passion.

Beim Betreten seiner Malschule mit Galerie beeindrucken auf den ersten Blick die herrlichen Pferdegemälde, meist Araber mit edlen Köpfen und ausdrucksstarken Augen. Schiele bannt ihre ungeheure Kraft, die Schönheit und Eleganz auf Papier. Seine faszinierenden Tiergemälde sprechen auch arabische Herrscher, beispielsweise aus Saudi-Arabien und den Vereinigten Emiraten, an. Schiele, selbst passionierter Jäger, geht auf Pirsch im Busch, nähert sich einem Elefanten oder Kaffernbüffel auf wenige Meter, nur um den Exoten zu skizzieren.

Andererseits sitzt er auch mit Einhaarpinsel und Mikroskop an einem Porträt des erfolgreichen Distanzreiters Scheich Al Maktum. Nicht auf Leinwand, nein, auf das Ziffernblatt einer mehrere hunderttausend Euro wertvollen Uhr malt er.

Dieter Schiele wurde zwar in eine Künstlerfamilie geboren, lernte aber zunächst einen »ordentlichen« Beruf, wurde Bauzeichner und Bautechniker. Zum Studium fehlte das Geld, so verdingte er sich als Aktmodell am Städelschen Kunstinstitut, wo er aufsaugte, was die Professoren ihren Studenten beibrachten. Als Autodidakt eignete er sich schließlich unterschiedliche Maltechniken an. Heute bevorzugt er die alte Öl-Lasur mit bis zu 18 Schichten. Das Wichtigste beim Malen sei das gute Auge. Wer gelernt hat zu sehen, der kann auch malen, ist er überzeugt.

Adresse Quellenstraße 6, 63667 Nidda-Bad Salzhausen, Tel. 06043/972316 oder 0151/19021260, www.dieterschiele.de | **Pkw** A 5 bis Gambacher Kreuz, A 45 bis Ausfahrt Berstadt, B 455 Richtung Schotten, K 195 bis Bad Salzhausen, Kurallee, rechts in die Quellenstraße | **Öffnungszeiten** während der Malkurse und nach Vereinbarung | **Tipp** Das Café Ira (Kurallee 1) mit charmanter Einrichtung aus den 1960er Jahren und Torten nach Hausfrauenart ist Kult.

81 Der Skulpturenpark

Moderne Kunst unter alten Bäumen

Schlendert man durch den oberen Kurpark mit seinem herrlichen alten Baumbestand, dann stößt man auf seltsame Dinge. Staunend hält man inne. Vor zwei Skulpturen, die an eine aufgeblasene Luftmatratze erinnern, beispielsweise. An denen nagt der Zahn der Zeit, hat das Metall rostig gefärbt. Daneben: schlanke metallene Rohre, die sich auf einer freien Wiese zwischen Baumriesen emporrecken. Schöpferin Angelika Summa nennt sie »Großes Rasenstück«. Dierk Berthel hat die Schlitzfigur »Götz trifft Roland beim Baden« aus Michelnauer Tuff und Stahlblech geschaffen. Detlef Reuters »Triobe«, eine dreiteilige Konstruktion aus Fichten-Kanthölzern und Stahlstäben, erinnert an zufällig hingeworfene, riesige Körbe im Kurpark. Daneben entdeckt der aufmerksame Betrachter die von der benachbarten Nordmanntanne abgeworfenen Zapfen, die eine ähnliche sich verjüngende Form haben. Die Ähnlichkeit ist vom Künstler gewollt.

Seit 2007 finden in Bad Salzhausen alle zwei Jahre Bildhauer-Symposien statt. Dann wird der Kurpark zum offenen Atelier, zum Wirk- und Werkort für die teilnehmenden Künstler aus der Region und aller Welt. Die leben dann nicht nur für drei Wochen in Bad Salzhausen, vielmehr arbeiten sie auch vor Ort und tauschen sich miteinander aus. Auch mit den kulturinteressierten Besuchern. Der Park und der klassizistische Parksaal werden zu Ateliers, die geschaffenen Plastiken im Anschluss an das Symposium für ein Jahr im oberen Kurpark ausgestellt, ein Teil davon verbleibt hier. Im Laufe der Jahre ist so ein beachtenswerter Skulpturenpark entstanden, der kontinuierlich um interessante Werke erweitert wird. Das Konzept des Symposiums von Ausstellungs- und Aktionswechsel wurde 2006 innerhalb weniger Wochen vom Verein Kunst:Projekt entwickelt und durch die damalige Bürgermeisterin und heutige Ministerin Lucia Puttrich und den Künstler Stephan Gruber unterstützt und gefördert.

Adresse oberer Kurpark (über Kurallee), 63667 Nidda-Bad Salzhausen | **Pkw** A 5 bis Gambacher Kreuz, A 45 bis Ausfahrt Berstadt, B 455 Richtung Schotten, K 195 nach Bad Salzhausen, über Kurstraße zur Kurallee | **Tipp** Ein Kleinod aus der Gründerzeit des Kurortes inmitten des unteren Kurparks ist der pittoreske Lesesaal mit Open-Air-Bühne.

82 Die Stangen- und Wasserkunst

Weg des Wassers

Das erste Gradierwerk in Salzhausen wurde um 1600 erbaut. Die Blütezeit der Salzgewinnung am Fuß des Vogelsberges war jedoch im 18. Jahrhundert. Zwischen 1776 und 1786 entstand ein für die Zeit ungewöhnliches, modernes technisches Kunstwerk, die Stangen- und Wasserkunst, um Energie für die Solepumpen in Salzhausen zu übertragen. Erdacht und erbaut wurde die Konstruktion von Salinendirektor Johann Wilhelm Langsdorff.

Die Anlage bestand aus einem circa 2.200 Meter langen Gestänge und mehreren Wasserrädern, die Salzhausen mit dem etwa drei Kilometer entfernten Kohden verbanden. Trotz deutlicher Höhenunterschiede und Hindernisse im Gelände wurde durch die Anlage genügend Wasser nach Salzhausen transportiert und in Teichen wie dem Landgrafenteich gesammelt. Bei Bedarf konnte es dann zum Betreiben der Wasserräder in Bad Salzhausen und zur Energiegewinnung für die Solepumpen abgelassen werden.

Als »Motor« der Konstruktion diente ein großes hölzernes Wasserrad im sogenannten »Radhaus« in Kohden. Beeindruckend seine Maße: 7,20 Meter hoch, mit 64 je 1,80 Meter breiten Schaufeln und drei widerstandsfähigen Radkränzen versehen. Das Rad setzte über zwei Kurbelzapfen das Holzgestänge in Gang, mit dem das Wasser der Nidda aus dem Nachbartal in Holzrohren über den Berg nach Bad Salzhausen gepumpt wurde. 1860 wurde die Salzgewinnung dort eingestellt, und am 15. Oktober 1886 wurde das technische Kunstwerk nach 74 Dienstjahren und 26 Jahren Stillstand versteigert.

Ab 1824 strebte man in Salzhausen die Anerkennung als Kurbadbetrieb an. Im unteren Kurpark, einem der ältesten in Deutschland, geht es aber noch heute rund. Die Stangen pumpen mit behäbigen, aber regelmäßigen Vor- und Rückbewegungen noch immer Wasser auf eines der erhalten gebliebenen Wasserräder.

Adresse unterer Kurpark, Zugang über Kurallee, 63667 Nidda-Bad Salzhausen | **Pkw** A 5 bis Gambacher Kreuz, A 45 bis Ausfahrt Beerstadt, B 455 Richtung Schotten, K 195 bis Bad Salzhausen, Kurallee, an der Kreuzung Liebigstraße | **Tipp** Sechs heilsame Quellen – Lithium-, Stahl-, Schwefel-, Nibelungen-, Roland-Krug- und Södergrundquelle – sprudeln noch heute im unteren Kurpark, mal als Brunnen, mal mit Brunnenhäuschen aufwendig eingefasst.

83 Der Steinbruch Michelnau

Grand Canyon des Vogelsbergs

Steht man am Aussichtspunkt oberhalb des Steinbruchs (ausgeschildert!), fallen die roten Wände bis zu 50 Meter steil in die Tiefe. Beeindruckend! Das Gestein ist Basaltlavatuff, einzigartig und so sonst nur auf den Osterinseln zu finden. Wegen seines hohen Eisengehaltes oxidiert das Gestein und färbt sich rot. Ein erst kürzlich restaurierter Kran, ein verbeulter Lkw aus den 1950er Jahren, Reste von Feldbahn-Gleisen, Windenhaus und Sägehalle zeugen von der industriellen Vergangenheit des Ortes. Der 2010 gegründete Verein »Freunde des Steinbruchs Michelnau« hat es sich zur Aufgabe gemacht, das Geotop und die Industriekultur, die über 100 Jahre den Ort mit geprägt hat, zu erhalten und Interessierten zugänglich zu machen.

Seit Mitte der 1850er Jahre ist der Abbau des Michelnauer Basaltlavatuffs belegt. Aus dem Stein wurden Figuren wie die »Fraa Rauscher« in der Klappergass' in Frankfurt-Sachsenhausen, der Ludwigsbrunnen auf der Darmstädter Mathildenhöhe und der große Bärenbrunnen in Berlin gemacht. Eine Spezialität war es ab 1949, die gehauenen Steine zu bossieren (roh zu behauen). Dadurch entstand ein Kunststein mit unregelmäßiger Vorderseite und Profilfugen, mit dem Fassaden- und Brücken verkleidet wurden. Die Bossiermaschine in der Sägehalle ist noch heute zu besichtigen.

In der ersten Abbauphase wurde der Stein noch mit Äxten herausgehauen, in der zweiten kamen Meißel und Pressllufthammer zum Einsatz, in der dritten eine Schrämm- und Kerbmaschine. Der Abbau erfolgte immer von oben nach unten und hat seine Spuren hinterlassen: mal kreisrunde Abschürfungen, mal senkrechte Schlitze, mal glatte Wände. Auch die Geschichte des Vogelsberges, des größten Vulkans Europas, ist im Eingangsbereich des Steinbruches zu erkennen: Eruptionsschicht lagert über Eruptionsschicht, das weichere Schlackenagglomerat wird von der darüberfließenden Lava vor Verwitterung geschützt.

Adresse Zum Steinbruch, 63667 Nidda-Michelnau | **Pkw** A 45 bis Ausfahrt Staden/
Nieder-Mockstadt, B 275 bis Ranstadt, B 457 bis Nidda, L 3185 bis Michelnau, am Orts-
eingang ausgeschildert | **Öffnungszeiten** bei Führungen Tel. 06043/400415 (Lothar Noll),
der Aussichtungspunkt ist frei zugänglich | **Tipp** Der Jagdschirm (Auf dem Buchkopf)
wurde für die Jagdgesellschaften des Darmstädter Landgrafen errichtet. Rundum wurden
Tücher gespannt, hinter denen die Schützen und Damen warteten. Gelang es einem Wild-
tier zu entkommen, ist es den Jägern »durch die Lappen gegangen«. Erhalten sind die
Grundmauern an exponierter Stelle.

84__ Die Uhrnstubb

Wem die Stunde schlägt …

Mehr als 160 historische Uhren aus dem 18. bis 20. Jahrhundert ticken und schlagen an den Wänden des Gastraums und Kollegs im gemütlichen Wirtshaus-Café Uhrnstubb. Sammler Werner Bedtke hat sie seit seiner Jugend zusammengetragen – vom Kirchturm-Uhrwerk von 1898 über die Spieluhr, in der sich Engelchen drehen, bis zu prächtig verzierten Pendeluhren, in Südfrankreich im 18. Jahrhundert hergestellt. Angefangen hat alles mit der ererbten Taschenuhr des Großvaters. Wie viele Zeitmesser er besitzt, das weiß er gar nicht. Denn im ganzen Haus sind die Hüter der Zeit verteilt. Ein Highlight der Sammlung ist die Standuhr aus Nussbaum, die über erstaunliche »Komplikationen« (Zusatzfunktionen eines mechanischen Uhrwerks) wie Datums-, Sekunden- und Mondphasen-Anzeigen verfügt. Dieses technische Wunderwerk wurde bereits im 18. Jahrhundert gebaut.

Werner Bedtke, in seinem früheren Leben Ingenieur und schon von Berufs wegen an Technik interessiert, hegt, pflegt und repariert die antiken Zeitmesser. Er ist in Sammlerkreisen geschätzt und kauft nur noch seltene Stücke. Bei Neuerwerbungen auf Auktionen und Antikmärkten ist jedoch Zurückhaltung angesagt, denn die Uhren müssen in regelmäßigen Abständen reihum aufgezogen werden. Beinahe ein Fulltime-Job. Deswegen laufen auch nicht immer alle Sammlerstücke im Haus zugleich.

Die Uhrnstubb ist ein gemütliches, einladendes Wirtshaus-Café. Man sitzt zwischen all den Uhren auf Omas Stühlen an schön gedeckten Tischen. In der Küche agiert Jutta Bedtke, kocht herzhaft wie Mutti mit ausschließlich regionalen Produkten. Im Kasper- und Marionettentheater im Untergeschoss gibt's immer wieder sonntags Vorstellungen. Denn Jutta Bedtke ist eine begeisterte und ausgebildete Puppenspielerin. Im Sommer gastieren die Bedtkes mit ihren Hohensteiner Kasperfiguren oder ihrem Menschenerzähltheater auf Straßen und Plätzen der Region.

Adresse Untergasse 23, 63667 Nidda-Wallernhausen, Tel. 06043/405540 | **Pkw** A 45 Ausfahrt Nieder-Mockstadt, B 275 bis Ranstadt, B 457, K 203 bis Wallernhausen (Ranstädter Straße), nach links L 3184, dann wieder links in die Untergasse, geht über in die Obergasse | **Öffnungszeiten** Do–Sa 17.30–22, So, Feiertage 11.30–22 Uhr | **Tipp** Jedes Jahr im November und Dezember werden im oberhessischen Weihnachtskrippen-Museum (Steinstraße 34, Ortsteil Ulfa) 120 historische Weihnachtskrippen gezeigt.

85 Die Wallfahrtskirche Maria Sternbach

Der Weg ist das Ziel

Einsam liegt die Wallfahrtskirche Maria Sternbach im Wald. Die erste Kirche der Siedlung Sternbach, bereits 778 in der Beatusurkunde erwähnt, war wahrscheinlich aus Holz gebaut. Vermutlich wurden im 9. und 12. Jahrhundert weitere Kirchenbauten auf ihrem Fundament errichtet. Die heutige Wallfahrtskapelle stammt aus dem Jahr 1456 und steht unter dem Patronat des heiligen St. Gangolf. Seine Popularität wird jedoch bereits seit dem 15. Jahrhundert durch die des angeblich wundertätigen Marienbilds im Innern der Kirche übertroffen.

2008 wurden umfangreiche Sanierungsarbeiten abgeschlossen. Dabei wurde das Kirchengestühl vom Holzwurm befreit, das Verkündigungsbild über dem Außenaltar restauriert und neue Farbe im Innenraum aufgebracht. Die Kirche hat bis heute kein elektrisches Licht! Sehr stimmungsvoll sind die Hubertusmessen der Wetterauer Jäger, die sich hier alljährlich im Herbst samt Hunden und Jagdvögeln treffen. Ein Corps Jagdhornbläser gibt der Messe im Freien ein festliches Gepränge.

Aber zurück zur Geschichte! Obwohl die letzten Bewohner das Dorf Sternbach bereits um 1550 verließen, war Maria Sternbach bis 1707 das Gotteshaus der katholischen Gemeinde in Wickstadt und wurde danach Wallfahrtsort. Bis heute wandern Gläubige auf dem etwa zwei Kilometer langen Pilgerweg von Wickstadt zum Gotteshaus und der »wundertätigen Muttergottes von Sternbach«. So am Sonntag vor Christi Himmelfahrt, nach Mariä Heimsuchung und nach Mariä Himmelfahrt. In der Vorhalle der Kirche befinden sich noch zwei Steine des alten Stationsweges von 1725, die sogenannten »Fußfälle« von Sternbach. Sie ermöglichen eine besondere Form des Niederkniens vor den altarähnlichen Kreuzwegstationen und sind angelehnt an das Fallen Jesu auf seinem Leidensweg.

Adresse 61194 Niddatal (Wickstadt), im Wald westlich von Wickstadt | **Pkw** A 45 Ausfahrt Staden, B 275 (Niddastraße) über Ludwig- und Riedstraße bis Wickstadt, links in Kirchgasse, führt zum Hofgut, von dort 30 Minuten Fußweg, Beschilderung folgen | **Öffnungszeiten** Besichtigungen nach Vereinbarung beim Pfarramt unter 06035/5333 | **Tipp** Die geschlossene Anlage des Hofguts Wickstadt, ehemaliger Klosterhof des Zisterzienserklosters Arnsburg, mit schönen Fachwerk-Speichern, wehrhaftem mittelalterlichem Pfortenturm und barockem Herrenhaus von 1793 steht unter Denkmalschutz und kann besichtigt werden.

86__ Der Laternenpfad

Hier geht Ihnen ein Licht auf

Der »Spielmann« leuchtet Gästen auf dem Ortenberger Laternenpfad gleich an drei wichtigen Zugangsstellen (Schelmentor, Obertor und Carl-Fries-Platz) heim. Auch dem weltberühmten Keltenfürsten vom Glauberg und Bonifatius, dem Missionar der Hessen, oder weniger berühmten Menschen wie dem Ortenberger Kult-Metzger »Manne-Willi« sowie dem »Dalles«, einer lokalen Spottfigur, und der »Weißen Frau«, die von Liebeskummer getrieben keine Ruhe findet und nachts durch die Gassen zum Schloss wandert und so mysteriös verschwindet, wie sie auftaucht, sind Scherenschnitte in den Laternen der historischen Ortenberger Altstadt gewidmet.

Es sind aber nicht nur Menschen, an die mit den mittlerweile 98 Scherenschnitten erinnert wird. Die Motive erzählen auch von der Geschichte des Ortes, beispielsweise vom Flugzeugabsturz in der Strack Gass 1937 und von der Gefahr durch Spione im Jahr 1914, aufgrund der ein Prinz von Isenburg festgesetzt wurde, während er beim Grafen zu Ortenberg zu Besuch weilte. Auch wichtigen Ereignissen wie dem jährlich stattfindenden »Kalten Markt« oder der Elektrifizierung des Ortes 1913 sind Scherenschnitte gewidmet. Alle Motive entdeckt man am besten bei einer Führung mit dem Initiator des Ortenberger Laternenpfades, dem Schauspieler und Künstler Hans Schwab.

Die Idee zum Laternenpfad entstand 2003, als Ortenberg am Landeswettbewerb »Ab in die Mitte« teilnahm und das Kulturfest »Altstadt pur« erstmals stattfand. 2004 wurden die ersten 22 Altstadtlaternen mit Scherenschnitten von Albert Völkl künstlerisch gestaltet. Völkl ist ein renommierter Künstler, illustriert Bücher, zeichnet Comics und Theaterplakate und gestaltet Stadtlaternen mit Scherenschnitten; auch in Heppenheim, Diemelstadt oder Trendelburg. Jährlich kommen neue Motive dazu, die alle durch Patenschaften von Privatpersonen und regional ansässigen Geschäftsleuten finanziert werden.

Adresse zwischen Carl-Fries-Platz und Schloss, Kasinostraße, Stein- und Untergasse, 63683 Ortenberg | **Pkw** A 5 bis Ausfahrt Florstadt, B 275 bis Ortenberg, rechts auf »Neuer Markt«, zahlreiche Parkplätze, Laternenpfad von hier ausgeschildert | **Tipp** Der »Fresche Keller« (Alte Marktstraße 38) in der ehemaligen Backstube der Bäckerei Fresch ist Kult. Seit 1988 gibt's hier ein anspruchsvolles Musik-, Kabarett- und Unterhaltungs-programm, das unter anderem mit dem Wetterauer Kulturpreis ausgezeichnet wurde.

87__Die Marienkirche und der Marienkräutergarten

Gegen jedes Zipperlein ist ein Kraut gewachsen

Baldrian und Blutwurz, Arnika und Alant, Kamille und Küchenschelle, Mariendistel und Mohn – im Deckengewölbe der Marienkirche erblühte einst ein üppiger Kräutergarten und Blumenhimmel. Diese bunte Pflanzenpracht, auf ihre charakteristischen Merkmale reduziert, gibt ein Bild der im 14. Jahrhundert bekannten Kräuter wieder. Denn die Marienkirche erhielt zwischen 1368 und etwa 1450 ihr heutiges Aussehen. Maria war nach den religiösen Vorstellungen dieser Zeit die Königin der heilkräftigen Pflanzen. So zeigt auch der »Ortenberger Altar« die Muttergottes und ihre Familie von zahlreichen Blumensymbolen flankiert. Aber das Wissen von heilkräftigen Kräutern geht viel weiter zurück, schon keltische Druiden banden zur Sonnenwende heilsame und beschützende Kräutersträuße.

Die prachtvollen Malereien in der Marienkirche lagen für Jahrhunderte unter einer Putzschicht verborgen. Erst bei der Renovierung zwischen 2003 und 2007 wurde die farbenfrohe Deckenverzierung wiederentdeckt und mit moderner Restaurierungstechnik zu neuem Leben erweckt. Der Kunsthistoriker Michael Schröder befasste sich zudem mit dem Zusammenhang zwischen den floralen Abbildungen und der spätmittelalterlichen Marientheologie. Nach alter Kräutermythologie ist zwischen Mariä Himmelfahrt (15. August) und Mariä Geburt (8. September) die beste Zeit, Kräuter zu sammeln. In sogenannten Marienkräuter-Sträußen wurden zwischen sieben und 99 Kräuter gebunden. Solche Sträuße wurden an Mariä Himmelfahrt in der Kirche geweiht, hatten Schutzfunktion und wurden in der Wohnstube oder dem Stall aufgehängt.

Zahlreiche Marienkräuter kann man gleich neben der Kirche in natura entdecken. Im Sommer 2009 legten Pflanzenfreunde und Kirchenmitglieder dort einen schönen Themengarten an. Schiefertafeln weisen die einzelnen Sorten aus.

Adresse Schlossplatz, 63683 Ortenberg | **Pkw** A 45 Ausfahrt Florstadt/Nieder-Mockstadt, B 275 bis Ortenberg, rechts auf L 3184 (Neuer Markt/Ludwig-Pfeiffer-Straße), links zum Schlossplatz | **Öffnungszeiten** Kirche täglich 9–18 Uhr, Führungen beim Gemeindebüro, Tel. 06046/3323 | **Tipp** Im NABU-Infozentrum und der Umweltwerkstatt Wippenbacher Hof (Im Oberdorf 5) gibt es wechselnde Ausstellungen über Tiere und Pflanzen der Region, Veranstaltungen für Kinder und ein umfangreiches Vortrags- und Exkursions- programm.

88_ Das Musikinstrumenten-museum

Auf der Suche nach dem vollkommenen Klang

Zwölf Grifflöcher und nur zwei Hände – wie spielt man ein Rankett? Wer flötet auf Menschenknochen? Was ist ein Tartölt, eine Dulziane oder eine Musette d'amour? Fragen wie diese werden im Musikinstrumentenmuseum in Lißberg bei Führungen kenntnisreich beantwortet. Wussten Sie zum Beispiel, dass ein Geigenwerk keine Fabrik für Geigen, vielmehr ein cembaloartiges Tasteninstrument ist, bei dem die Saiten durch drehende Räder angestrichen werden und dabei wunderbare Töne erzeugen? Das Lißberger Instrument ist das einzige bespielbare dieser Art weltweit.

Museumsgründer und Musikinstrumentenbauer Kurt Reichmann hat in mehr als vier Jahrzehnten nicht nur die weltgrößte Drehleier- und Dudelsack-Sammlung zusammengetragen, sondern auch den größten Teil der originellen, manchmal skurrilen Instrumente aus aller Welt hierhergeschafft sowie viele historische Instrumente selbst nachgebaut. Er hat zudem dazu beigetragen, dass die Drehleiern und das Spiel auf ihnen seit den 1980er Jahren eine Renaissance erfuhren.

Die Sammlung wird auf engstem Raum, aber pädagogisch angeordnet, präsentiert. Nach Praetorius' Werk »Syntagma Musicum« von 1619 sind die Exponate nach Instrumentenfamilien sortiert. So hängt der Himmel hier nicht voller Geigen, vielmehr voller Flöten. In Workshops kann man das Spielen vieler historischer Musikinstrumente erlernen, darunter die historischen Drehleiern. Ganz nebenbei erfährt man, was es mit den Hurdy-Gurdy-Girls, den Tanzmädchen mit den Leiern in den amerikanischen Saloons des 19. Jahrhunderts, auf sich hat. Dahinter steht nämlich die tragische Geschichte von den »Drehleierhuren«, die aus Hessen auswanderten, um der Armut in der Heimat zu entgehen, und auf dem neu entdeckten Kontinent ihr Glück (meist vergeblich) suchten.

Adresse Schlossgasse, 63683 Ortenberg-Lißberg, Tel. 06046/432 oder 467 | **Pkw** A 45 Ausfahrt Florstadt/Nieder-Mockstadt, B 275, in Ortenberg-Lißberg links in Schlossgasse | **Öffnungszeiten** Führungen jeden 2. und 4. So im Monat 15–17 Uhr oder nach Vereinbarung | **Tipp** Oberhalb von Lißberg thront auf einem vulkanischen Kegel die gut erhaltene Burg (Schlossgasse). Wegen ihres Wehrturms mit kegelförmiger Spitze heißt sie im Volksmund »Lißberger Krautfass«.

89___Das Nidderkraftwerk
Wasser marsch!

In idyllischer Lage am See mit Blick auf den Turm der Burg Lißberg liegt das historische Nidder-Wasserkraftwerk in den Auen. 3.138 Meter Leitungen und ein 700 Meter langer Stollen verbinden das ausschließlich durch die Flüsschen Nidder, Hillers- und Sembach gespeiste Kraftwerk mit den Stauseen. Vom Wasserschloss, dem Hochdruckbehälter oberhalb von Lißberg, stürzt das gesammelte Wasser von 250 Metern dann herab und treibt die original erhaltenen Turbinen von 1923 (750 Kilowatt) und 1928 (1.500 Kilowatt) an. Aber nur, wenn in den Staubecken bei Hirzenhain (54.000 Liter) und Hillersbach (120.000 Liter) genügend Wasser vorhanden ist.

Bereits 1906 gab es Pläne zur Nutzung der Wasserkraft am Rand des Vogelsberges. Umweltfreundlichen Naturstrom aus dem Nidderkraftwerk wird es noch bis mindestens 31. Dezember 2031 geben, dazu hat sich der Betreiber, die Oberhessischen Versorgungsbetriebe, entschlossen. Denn neben der Energiegewinnung ist das Werk ein industriegeschichtlich wertvolles Denkmal. Bis auf ganz wenige Ausnahmen läuft das historische Wasserwehr noch heute zuverlässig wie ein Schweizer Uhrwerk.

Im Maschinenhaus mit den beiden Maschinensätzen ist es blitzblank, die zahlreichen Messgeräte und Kontrollleuchten blinken um die Wette. Randolf Hess ist nicht nur der Herr über die Schaltzentrale des Wasserkraftwerkes, er patrouilliert auch an den Stauseen und dem Abflussteich, kontrolliert den Wasserstand und befreit die Zuläufe von Laub, Geäst und anderen Fundstücken.

Wenn Hess die Maschinen anwirft oder von der Leitstelle in Friedberg anwerfen lässt, geht zunächst ein sanftes Brummen durch die Halle. Das schwillt jedoch schnell an, und eine Unterhaltung wird unmöglich. Denn nun stürzt das Wasser durch die Rohre, treibt das Schwungrad an, und wenn eine bestimmte Drehzahl erreicht ist, setzt lautstark der stromproduzierende Generator ein.

Adresse Mühlgasse, 63683 Ortenberg-Lißberg | **Pkw** A 45 Ausfahrt Florstadt/Nieder-Mockstadt, B 275 bis Ortenberg-Lißberg, Vogelsbergstraße bis Abzweig Mühlgasse, dann an der Nidder und dem Stausee entlang | **Öffnungszeiten** Besichtigungen nur nach Vereinbarung bei Randolf Hess, Tel. 0172/6844973, oder bei der OVAG, Tel. 06031/821758 | **Tipp** Die kleine Schafskirche (zwischen Lißberg und Eckartsborn) war im Mittelalter Rastplatz und bot innere Einkehr an einem Fern-Höhenweg.

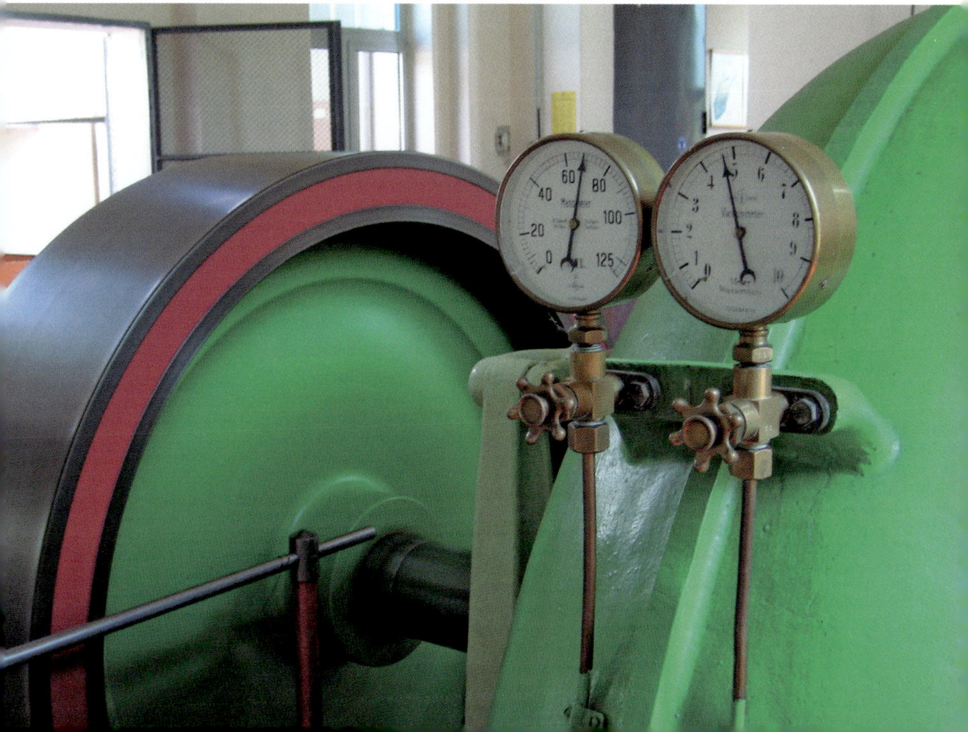

90_ Teufel- und Pfaffensee
Von der Industrielandschaft zum Naturschutzgebiet

In der Wetterau, in der Horloffsenke, wurde bereits seit dem frühen 19. Jahrhundert Braunkohle gefördert. Um genau zu sein: 1804 begann der Braunkohlebergbau in Wölfersheim. Doch wo sich bis Ende der 1980er Jahre noch riesige Schaufelbagger ins Erdreich fraßen, kilometerlange Förderbänder rasselten, Kräne und Förderanlagen die Landschaft prägten, ist heute eine neue Landschaft, die Wetterauer Seenplatte, mit dem Naturschutzgebiet Teufels- und Pfaffensee entstanden. Nachdem der Tagebau eingestellt und die Pumpen abgestellt waren, füllten sich die entstandenen Abbaulöcher mit Wasser. Der (Wieder-)Ansiedlung von Pflanzen und Tieren ließ man seither freien Lauf. Um den offenen Charakter der Landschaft zu erhalten, wird das Terrain beweidet und mit Entbuschungsaktionen frei gehalten.

Würde man das Seengebiet überfliegen, könnte man erkennen, dass sich Teufel- und Pfaffensee beinahe wie zwei Schmetterlingsflügel nebeneinander gruppieren. Hier wurde bis 1989 Braunkohle im Tagebau abgebaut. Seit 1998 sind die 91 Hektar Fläche mit einer schützenden Hecke von fünf Kilometer Länge, die zahlreichen Heckenbrütern ein Habitat ist, umgeben. Das Naturschutzgebiet ist nicht zugänglich. Von drei überdachten Plattformen aus hat man jedoch schöne Einblicke in das Seegebiet, das zum zusammenhängenden Netz europäischer Schutzgebiete NATURA 2000 gehört.

Mittlerweile leben an die 200 verschiedene Vogelarten hier. Der Zwergtaucher ist eine davon und ziert das Logo des Naturschutzgebietes Teufel- und Pfaffensee. Zahlreiche Zugvögel rasten hier auf ihrem Weg in den Süden. Bis zu 2000 Graugänse versammeln sich im Winter an den Seen.

Bei der Kartierung der Flora wurden 165 Pflanzenarten gefunden. Zahlreiche Amphibien, darunter eine Rarität, die Knoblauchkröte, und seltene Insekten, alleine 32 Libellenarten und zahlreiche Schmetterlinge, bevölkern das Areal.

Adresse an der Hohen Straße (L 3412) zwischen 61203 Reichelsheim-Weckesheim und Echzell-Gettenau | **Pkw** A 5 bis Gambacher Kreuz, A 45 bis Ausfahrt Berstadt, B 455, K 181 bis Echzell, L 3188, Hohe Straße (L 3412) Richtung Friedberg-Dorheim | **Tipp** Die Genuss-Coaches Patricia Stähler-Plano und Peter Stähler haben eine historische Dorfscheune ökologisch saniert. Die GenussScheune (Sommerbachstraße 1) ist ein Juwel mit herrlichem Garten. Das kulinarische Angebot erfreut den Gaumen, das Fachwerk vermittelt Geborgenheit.

91 Die Hölle von Rockenberg

Geh zur Hölle!

Die steilen Sandsteinklippen der Hölle von Rockenberg machen goldgelbe Sande sichtbar, die vor Millionen Jahren zu Sandstein oder Quarziten verfestigten. Die ehemalige Sandgrube wurde Mitte der 1990er Jahre als Naturschutzgebiet ausgewiesen. Auf rund 13 Hektar gedeihen hier nun Magerrasen, Heideland und seltene Pflanzen wie Bergsandglöckchen. Beeindruckend ragt heute die Sandsteinwand über einen kleinen Teich, einem Refugium für Wasservögel und ihre Jungen. Vor einigen Jahren wurden im Naturschutzgebiet auch Sumpfschildkröten ausgewildert, die im flachen Wasser optimale Lebensbedingungen finden und sich prächtig vermehren. Kreuzkröte und Zauneidechsen gehören ebenfalls zu den neuen Bewohnern. Das Naturschutzgebiet darf im Interesse seiner tierischen Bewohner und der seltenen Pflanzen nicht betreten werden und kann nur vom Weg aus betrachtet werden!

Die ersten Zeugnisse des Lebens sind hier aber viel, viel älter! Seltene Fundstücke wie Schnecken belegen, dass sich vor circa 400 Millionen Jahren ein Binnenmeer an dieser Stelle ausbreitete. Auch über die Vegetation geben die Ablagerungen Auskunft. Im berühmten Münzenberger Blättersandstein wurden Pflanzenteile konserviert, der wärmeliebende immergrüne Zimtbaum zum Beispiel. Auch Einschlüsse von Nadel- oder Mammutbäumen wurden gefunden. Während der letzten Eiszeit vor etwa 20.000 Jahren waren hier auch urzeitliche Tiere wie Wollnashorn und Mammut zu Hause.

Weltweit eine Rarität: die Sandrosen aus der Rockenberger Hölle. Diese rosen- oder rosettenförmigen Kristallgebilde haben sich im Laufe von Millionen Jahren im sandigen Boden der Wetterau durch physikalische und chemische Reaktionen herauskristallisiert. Die meisten Exemplare sind nur wenige Zentimeter groß, eine der größten geborgenen Sandrosen wiegt dagegen 4,5 Tonnen und ist im Mineralogischen Museum der Universität Marburg zu sehen.

Adresse 35519 Rockenberg, Zugang über Hellenstraße und Sandweg | **Pkw** A 5 Ausfahrt Butzbach, L 3134 bis Rockenberg (Griedeler Straße), rechts in Mühlgasse, links in Obergasse, rechts in Schloßstraße, rechts in Gambacher Weg, ab hier laufen (ausgeschildert) | **Tipp** Das Marienschloss (Marienschloss 1), ein ehemaliges Zisterzienserkloster, ist seit 1811 Zucht- und Besserungsanstalt, seit 1939 als Jugendstrafanstalt ein Heim für böse Buben.

92 Das älteste Fachwerkhaus Hessens

Schöner wohnen!

Der Vorgängerbau der staufischen Wasserburg Romrod, eine Holzburg, wurde zwischen 1170 und 1192 auf einer kreisrunden Grundfläche von 46 Meter Durchmesser errichtet. Da das Gelände sumpfig war, wurden Reisigteppiche, Holzknüppel und Abfälle zur Trockenlegung des Baugrundes geschichtet – so blieben im sumpfigen Untergrund zahlreiche Gebrauchsgegenstände aus verschiedenen Jahrhunderten erhalten. Bei der Schlosssanierung mit wissenschaftlicher Grabung wurden viele historisch wertvolle Artefakte wie eine Schachfigur aus dem 12. Jahrhundert geborgen, die heute im Schlossmuseum am »kleinen Museumsufer« zu sehen sind.

Der Burgbau aus Stein erfolgte im 13. Jahrhundert, die stattlichen Wohnbauten, umgeben von einem Ringwall, entstanden zwischen 1575 und 1588. Großherzog Ludwig IV. ließ das Anwesen von 1879 bis 1885 im Stil des Historismus renovieren, und in den Folgejahren diente Schloss Romrod der großherzoglichen Familie als Sommerresidenz. Eine wechselvolle Geschichte inklusive langem Leerstand und Verfall folgte, bis 1996 die Deutsche Stiftung Denkmalschutz das Schloss übernahm und es bis 2002 aufwendig instand setzte.

Der bedeutendste Fund bei Grabungen waren die Fundamente eines kleinen Hauses mit Loggia auf 15 Quadratmetern Grundfläche, in unmittelbarer Nähe des Marstalls gelegen. Die Eckpfosten waren 80 Zentimeter tief in den Boden eingelassen und sorgfältig mit Steinen verkeilt. Die auf Lagerhölzern mit Holznägeln befestigten Bodendielen waren gut erhalten und sind heute im Schlossmuseum in Form einer aufwendigen, fünf Tonnen schweren Rekonstruktion zu sehen. Außerdem wurden an gleicher Stelle unzählige Fetzen von teilweise vergoldetem Sattel- und Zaumzeug gefunden. Das legt die Vermutung nahe, dass das Häuschen als Sattelkammer genutzt wurde.

Adresse Schlossmuseum Romrod, Alsfelder Straße 1, 36329 Romrod, Tel. 06639/917981 |
Pkw A 5 Ausfahrt Romrod, L 3070 bis Romrod (Neue Straße), rechts in Alsfelder Straße. Es
gibt keine Zufahrt zum Museum, am besten an der Alsfelder Straße bei der Brücke parken |
Öffnungszeiten Di 10–12, Sa 15–17, So 14–16 Uhr und nach Vereinbarung | **Tipp** Ein
Himmel voller Würste und die beste Vogelsberger Kartoffelwurst gibt's bei Metzgermeister
Becker (Alsfelder Straße 8).

93__Die ehemalige Synagoge
Jüdisches Leben im Vogelsberg

Milchglasscheiben mit Motiven von Chanukka-Leuchtern tauchen den ehemaligen Betsaal der jüdischen Synagoge in mildes Licht. Zweites dominierendes Element sind die farblich abgesetzten Umrisse des nicht mehr vorhandenen Thoraschreins. Nur in Resten erhalten ist der sandsteinerne Unterbau der Thoranische, die einst von hölzernen Stufen flankiert wurde. Ein weiteres raumbestimmendes Element ist die Frauenempore, die auf vier tragenden Säulen mit Kapitellen ruht, von denen jede einzelne mit einer stilisierten Lotusblüte verziert ist. Noch heute strahlt der Raum eine fühlbare Erhabenheit aus.

Im Ortskern, nahe der Kirche, wurde 1722 eine Häuserzeile errichtet. Darunter auch ein sogenanntes »Einhaus«. So bezeichnet, weil sich Stall, Scheune und Wohnraum unter einem Dach befanden. 1837 erwarb die jüdische Gemeinde das Gebäude und baute es bis 1843 zur Synagoge um. Die klassizistische Einrichtung des Betsaals wurde vermutlich von Kreisbaumeister Sonnemann um 1843 entworfen. Nach knapp 100 Jahren konnte jedoch der Gottesdienst wegen der geringen Zahl der Gemeindemitglieder nicht mehr abgehalten werden. Denn mindestens zehn erwachsene Männer müssen dabei anwesend sein.

In der ehemaligen Fachwerkscheune, in Rahmbauweise über einem Steinsockel errichtet, kann man eine nachempfundene Mikwe ebenso besichtigen wie das ehemalige Klassenzimmer. Außerdem wird die Scheune als Ausstellungsraum genutzt. Interessant: eine Collage ehemaliger Tapeten hinter Glas, Farbproben aus der Entstehungszeit, aber vor allem die Geschichte jüdischer Mitbürger vor (und nach) dem Nationalsozialismus. Darunter das Klassenfoto der Johanna Lorsch. Es erzählt eine emotionale Geschichte. Ihre Familie emigrierte vor den Nazi-Schergen in die USA. 2010 besuchte sie ihre Heimatstadt sowie die ehemalige Synagoge und war zu Tränen gerührt. Ihr vergrößertes Klassenfoto wird in der Ausstellung gezeigt.

Adresse Alsfelder Straße 1, 36329 Romrod, Tel. 06639/917981 | **Pkw** A 5 Ausfahrt Romrod, L 3070 bis Romrod (Neue Straße), rechts in Alsfelder Straße. Es gibt keine Zufahrt zum Museum, am besten an der Alsfelder Straße bei der Brücke parken | **Öffnungszeiten** Di 10–12, Sa 15–17, So 14–16 Uhr und nach Terminvereinbarung | **Tipp** Schloss Romrod (Navi: Alsfelder Straße 7) dokumentiert 800 Jahre Burgenbau, heute sind hier ein Restaurant und ein Hotel untergebracht.

94__ Die chinesische Tapete

China meets Vogelsberg

Das schmucke Schloss Hallenburg wurde zwischen 1706 und 1712 nach Plänen des französischen Barockbaumeisters Louis Remy de la Fosse errichtet. Der Bau soll eine Tonne Gold, das waren damals 100.000 Gulden, gekostet haben. Bis 1954 residierten hier die Grafen von Schlitz. Danach diente das Schloss 50 Jahre als Unterkunft für Soldaten im Manöver oder stand leer. In dieser Zeit setzten Hausschwamm, Wasserschäden und Vandalismus dem Gebäude sehr zu. Von 2001 bis 2003 wurde es fachgerecht saniert und einige Schätze wie das historische Parkett und die chinesische Tapete restauriert. Seither hat die Hessische Landesmusikschule hier ihr Domizil.

Die florale chinesische Tapete, eine europaweite Rarität, wurde aus geschöpftem Papier aus der Rinde des Maulbeerbaumes in China gefertigt und von Hand bemalt. Wie im 18. Jahrhundert üblich auf Bestellung aus Europa. Auftraggeber: Graf Carl Heinrich von Schlitz. Seine Nachfahren wollten die Tapete nach dem Auszug verkaufen und ließen sie schätzen. Nix wert, urteilte ein »Experte«. Also blieb sie hängen. Ihren wahren Wert entdeckten erst eine Doktorandin und Stadthistoriker Estenus Puthz. Ihren Erkenntnissen zufolge wurde das Prunkstück zwischen 1790 und 1795 im Schloss angebracht.

Das Schlitzer Unikat wurde auf einer Makulatur-Tapete, die aus Seiten einer 1728 gedruckten Leichenpredigt bestand, aufgeklebt und kleidet den Raum völlig aus. Leider war sie an einigen Stellen zerstört oder gar übermalt worden. Spektakulär dann der »Tapetenkrieg«, der um das Für und Wider einer Instandsetzung des Wandschmucks tobte. Schlussendlich konnten sich die Befürworter durchsetzen.

In Geduldsarbeit wurde das Kunstwerk von der Wand gepellt und in Solingen gut ein Jahr restauriert. »Aber die Tapete hat dabei an Brillanz verloren, wie der Vergleich mit einer erhaltenen Originalrolle zeigt«, bedauert Stadthistoriker Puthz.

Adresse Schloss Hallenburg, Gräfin-Anna-Straße 4, 36110 Schlitz, Tel. 06642/91130 (Landesmusikakademie) | **Pkw** A 5 bis Alsfeld, B 254 bis Landenhausen, L 3142 und L 3141 bis Schlitz (Herrngartenstraße), rechts in Steinweg, halb links in Gräfin-Anna-Straße | **Öffnungszeiten** nach Vereinbarung | **Tipp** Der »Bornschorsch«, wie die Schlitzer die Figur des St. Georg bezeichnen, steht auf dem Marktbrunnen (Marktplatz), der früher als Schöpfbrunnen zur Wasserversorgung in der Innenstadt diente.

95 Die größte Adventskerze der Welt

Alle Jahre wieder …

Es war zu einer fortgeschrittenen Stunde, der Gewerbeverein tagte, und den einen oder anderen Schlitzer Burgenkümmel aus der städtischen Brennerei hatten die Geschäftsleute bestimmt auch schon getrunken, als die Idee für eine überdimensionierte Adventskerze geboren wurde. Dazu sollte der 42 Meter hohe Turm der Hinterburg, mit seinen 36 Metern Durchmesser dick und rund wie eine weihnachtliche Stumpenkerze, herhalten. Erst überlegte man, ihn rot anzumalen, was aber aus Kostengründen und unter Aspekten des Denkmalschutzes nicht möglich war. Dann besann man sich auf die alte Schlitzer Leinentradition und entschied, dem Turm in der Vorweihnachtszeit ein rotes Kleid anzulegen. Das war 1991.

Noch im selben Jahr bekam er ein aus 1.000 Quadratmetern Schlitzer Stoff in einer ortsansässigen Leinenproduktion maßgeschneidertes Kleid mit Reißverschluss. Als Kammerzofen beim Ankleiden betätigen sich alljährlich die Schlitzer Feuerwehrleute. Sie rücken mit ihren Feuerwehrleitern an, um dem Turm sein schickes Gewand anzuziehen. Krönung: die festliche Beleuchtung, die in der Adventszeit bis kurz nach Weihnachten wie ein Kerzenlicht auf der Spitze flackert. 1992 und 1994 wurde der Turm der Hinterburg als »größte Weihnachtskerze der Welt« ins Guinnessbuch der Rekorde eingetragen.

Die Aussichtsplattform kann man bequem mit einem Aufzug erklimmen und die schöne Aussicht auf das mittelalterliche Städtchen genießen. Der Bergfried aus dem 14. Jahrhundert wurde 1906 nach historischem Vorbild mit einer Steinhaube versehen. Ursprünglich war er nur über einen hochklappbaren Steg zu betreten. Unterhalb des Eingangs befanden sich mehrere Verliese. In die wurden die Gefangenen über das sogenannte Angstloch in die Finsternis hinabgelassen.

Adresse An der Hinterburg, 36110 Schlitz | **Pkw** A 5 bis Alsfeld, B 254 bis Landenhausen, L 3142 bis Schlitz (Herrngartenstraße), rechts auf Stadtbergweg, links Richtung Marktplatz und Schloss (An der Kirche) | **Öffnungszeiten** Ende Nov. – Anfang Jan. | **Tipp** Wer durchs »Linsengäßchen« in der historischen Altstadt geht, kann den Anwohnern heimlich in die Wohnung spähen. Heimliches Beobachten oder Zusehen heißt in Schlitz »linsen«. Ob das Gässchen daher seinen Namen hat oder von den Linsen, bleibt jedoch ungeklärt.

96__ Die Schlitzer Korn- und Edelobstbrennerei

Whisky aus den hessischen Highlands

Gebrannt wird in der Schlitzer Kornbrennerei seit 1585, das belegen alte Rechnungen. Damit ist die Brennerei die älteste ihrer Art in Deutschland. Erst in den 1950er Jahren kam sie an ihren heutigen Standort, den früheren gräflichen Schafhof. Neben Edelobstbränden, Fruchtsaftlikören und dem beliebten Burgenkümmel werden Jahrgangs-Whiskys hergestellt. Den Glen Slitisa (Glen bedeutet Tal, Slitisa ist der historische Name von Schlitz) gibt es in zwei Varianten: Glen Slitisa Wheat Whisky, 14 Jahre alt, 40 Prozent vol., und Glen Slitisa, 14 Jahre gereift, original Fassstärke 49,9 Prozent vol. Dieser hessische Whisky ist sanft im Geschmack, umschmeichelt mild und rund und mit satten Vanille- und Fruchtaromen den Gaumen. Hergestellt wird er aus Wasser, Weizen und Malz aus den hessischen Highlands.

Angefangen hat alles, als vor gut 25 Jahren ein Weizen-Malz-Destillat in ein altes amerikanisches Bourbon-Fass eingelagert und dann erst einmal vergessen wurde. Bei einer Zollinventur wurde Geschäftsführer Konrad Schwab auf dieses Fass aufmerksam und war neugierig, was sich wohl darin befinden könnte. Eine Probe wurde gezogen, mit Wasser auf 40 Prozent vol. Trinkstärke gebracht – und die Begeisterung war groß. Es war ein wunderbar milder, ausdrucksstarker Whisky herangereift. Zum 425-jährigen Bestehen der Schlitzer Kornbrennerei 2010 wurden die ersten 78 Flaschen Glen Slitisa vom Fass auf Flaschen gezogen. Vom Jahrgang 1985 gibt es nur noch zwei Flaschen, die Konrad Schwab wie seine Augäpfel hütet. Seither werden jährlich mehrere Chargen Schlitzer Whisky gebrannt und eingelagert. Im Fass Nummer 137 vom 18.02.2013 reift beispielsweise ein Single-Malt-Whisky-Destillat heran, von dem man frühestens 2023 kosten kann. Guter Whisky will eben Weile haben.

Adresse Im Grund 16, 36110 Schlitz, Tel. 06642/5267 | **Pkw** A 5 bis Alsfeld, B 254 bis Landenhausen, L 3142 bis Schlitz (Herrngartenstraße), rechts zur »Ringmauer«, macht Linkskurve und führt auf die L 3140 (Im Grund) | **Öffnungszeiten** Mo – Do 7 – 16.30 Uhr, Fr 7 – 15.30 Uhr, Betriebsführungen nach Vereinbarung | **Tipp** Im Burgmuseum (An der Vorderburg 1) wird unter anderem die berühmte Schlitzer Tracht gezeigt. Alljährlich findet in Schlitz ein großes Trachtenfest mit Teilnehmern aus aller Welt statt.

97__ Buisch ahl Huss

Zurück in die Vergangenheit

Von Omas guter alter Küche zogen die verlockendsten Düfte durch das ganze Haus. Über dem Herd wurde die Wäsche getrocknet, und im Winter konnte man sich an der Bratröhre wunderbar die Füße wärmen. In der Schlafkammer kroch man unter eine prall gefüllte Daunendecke, und ein mit weichem Haferstroh ausgestopfter Strohsack machte von unten das Bett im Winter kuschelig warm. Und wenn der Schlafzimmerschrank gut mit Weißzeug ausstaffiert war, dann war die Familie gut betucht. Wer aber weniger hatte, der stapelte hoch, indem er das Bettzeug einfach doppelt faltete und in den fein säuberlich mit handgemachten Bordüren verzierten Schrankfächern stapelte. Sind Sie schon mal in ein Fettnäpfchen getreten? Im Wurstzimmer, dem kältesten Ort des Hauses, wurden unter die Speckseiten und Würste Näpfchen gestellt, um das heruntertropfende Fett aufzufangen. Nächtliche Naschkatzen sind da schon mal hineingetreten.

Im Dorfmuseum »Buisch ahl Huss«, was man mit »des Bauern altes Haus« übersetzen kann, hat man gleich beim Betreten den Eindruck, dass die Bauernfamilie nur eben mal aufs Feld gegangen ist und alles stehen und liegen lassen hat. Keine Vitrinen, alle Gegenstände zum Anfassen und hautnahen Erleben – das ist das Konzept im Privatmuseum von Hans Feick und seiner Familie, der das ehemalige Bauernhaus im Ortskern von Fraurombach seit Generationen gehört. Führungen macht der Hausherr, und die mit Plüschsofas ausstaffierte gute Stube kann man für private Feiern mieten.

An kaum einem anderen Ort mehr zu sehen: eine Spinnstube. Um im Winter ein Zubrot zu verdienen, wurde die bäuerliche Wohnstube ausgeräumt, Spinnräder und Webstühle installiert und, solange es hell war, das Garn zu Schlitzer Leinen gesponnen und gewebt. Schaut man sich Werkzeuge wie die Spindeln an, weiß man auf Anhieb, woher die Bezeichnung »dürr wie eine Spindel« für Models wie Kate Moss stammt.

Adresse Sandlofser Straße 2, 36110 Schlitz-Fraurombach | **Pkw** A 5, A 7 Ausfahrt Hünfeld/Schlitz, L 3176 bis Fraurombach, rechts in die Sandlofser Straße | **Öffnungszeiten** und Führungen unter Tel. 06642/5110 vereinbaren! | **Tipp** Direkt gegenüber dem Buisch ahl Huss (Sandlofser Straße) steht die alte Dorflinde mit überdachten Sitzplätzen drum herum. Sie war früher das, was heute neu.de im Internet ist, nämlich ein Ort fürs erste Tête-à-Tête.

98_ Der Heraklius-Zyklus

Kulturdenkmal mit überregionaler Bedeutung

Der Heraklius-Zyklus im Fraurombacher Kirchlein ist vermutlich um 1330 entstanden und zeigt die Lebensgeschichte des Kaisers Heraklius. Er wurde als erster Kreuzritter bekannt, denn er hat der Legende zufolge das Kreuz Christi im Kampf von Perserkönig Kostras zurückerobert und wieder nach Jerusalem gebracht. Diese Ereignisse werden in den Wandmalereien eines unbekannten Künstlers, die leider nur noch rudimentär erkennbar sind, dargestellt.

»Doch dieser Heraklius-Zyklus geht weit über diese Ereignisse hinaus«, sagt Hans Feick vom Förderverein Fraurombacher Wandmalereien. »Sie sind das einzige erhaltene Kunstwerk, das auch die Episoden der Legende darstellt, in denen von Wundergeschehen aus der Kindheit Heraklius' sowie dem Ehebruch einer Kaiserin die Rede ist.« Bei einer Führung zeigt Feick mit der Taschenlampe auf die entsprechenden Szenen. Die Darstellung solch weltlicher Thematik im Innern einer Kirche ist einzigartig.

Der Heraklius-Zyklus besteht aus drei durch Ornamentbänder voneinander getrennte, jeweils circa einen Meter hohe Bilderstreifen. Erhalten sind etwa 20 mehrfarbig gemalte Szenen. Und wer hätte das geahnt: Das ehemalige Ruhenbah, heute Fraurombach, stand bereits im 8. Jahrhundert n. Chr. in direkter Konkurrenz zu Fulda. Denn im buchonischen Urwald bei Schlitz suchte der Bonifatius-Schüler Sturmius einen geeigneten Bauplatz für eine Klosteranlage. Die wurde dann aber in Fulda gebaut, im heutigen Fraurombach »nur« eine Kapelle, die 1345 zur eigenständigen Pfarrkirche erhoben wurde.

Die wertvollen Fresken wurden bei zahlreichen Umbauten und Renovierungsarbeiten beschädigt, während der Reformation Mitte des 16. Jahrhunderts übertüncht und erst 1901 wiederentdeckt und gesichert. »Die sollen jedoch nicht restauriert, vielmehr nur konserviert werden. Man soll den Fresken ihr Alter ansehen«, sagt Hans Feick.

Adresse Fraurombacher Kirchlein, Sandlofser Straße, 36110 Schlitz-Fraurombach | **Pkw** A 5, A 7 Ausfahrt Hünfeld/Schlitz, L 3176 bis Fraurombach, rechts in die Sandlofser Straße | **Öffnungszeiten** täglich 9 – 18 Uhr, Führungen unter Tel. 06642/5110 vereinbaren | **Tipp** Früher klapperten hier wohl die Mühlräder. Heute sind es die großzügig beladenen Teller, die aus der Mühlen-Küche auf die Terrasse und in den Gast-Garten des Hofcafés Pletschmühle (Sandlofser Straße 30), direkt am Bachlauf gelegen, getragen werden.

99__ Der Geiselstein

Hier hüten die alten Götter einen sagenhaften Schatz

Steil und zerklüftet ragt der Geiselstein empor. Wirken die wie von Riesenhand hingeworfenen Basaltbrocken von unten auch unbezwingbar – es lohnt sich, sie zu erklimmen. Denn auf 720 Metern Höhe erwartet Klettermaxe ein kleines Plateau mit schöner Rundumsicht. Auch ein idealer Platz für ein kleines Wanderpicknick. Wer einen Kompass dabeihat, der darf staunen. Denn Kompassnadeln bekommen hier so etwas wie einen Drehwurm, bevor sie sich einpendeln und statt nach Norden in Richtung des Geiselstein-Gipfels zeigen. Dieser Effekt wird besonders deutlich erkennbar, wenn man einen Kompass an das Gestein an der Bergspitze hält. Deswegen wird der Geiselstein landläufig auch als der »Nordpol des Vogelsberges« bezeichnet.

Geologisch betrachtet, besteht der Geiselstein aus Basalt, und eines der Minerale im Basalt ist Magnetit. Das kann magnetisiert werden, zum Beispiel durch einen Blitzeinschlag, wie es ihn auf der früher frei stehenden Spitze des Geiselsteins sicher häufig gab. Die zerklüfteten Felsen des Berges selbst sind ein Biotop, das einer großen Zahl an Moosen, Farnen und deren kleinen Bewohnern eine Heimat bietet.

Auch zahlreiche Mythen und Legenden ranken sich um die markante Erhebung. Der Sage nach soll es unter dem Geiselstein eine verborgene Höhle geben, in der die germanischen Götter Wotan und Donar einen sagenhaften Goldschatz hüten. Die Leute gaben deshalb der Wiese in der Nähe den Namen Goldwiese, und die Quelle, die dort entspringt, nannten sie Goldborn. Wer die Höhle mit dem Schatz finden will, sollte im Winter kommen, wenn der Geiselstein meterhoch mit Schnee bedeckt ist. Dann soll es eine Stelle geben, an der trotz Eiseskälte kein Schnee liegen bleibt, weil ihn das Feuer in der Höhle darunter immer wieder zum Schmelzen bringt. Bisher wurde der Eingang zur Höhle weder sommers noch winters gefunden. Aber schauen Sie einfach mal selbst nach!

Adresse 63679 Schotten | **Pkw** A 45 bis Berstadt, B 455 bis Schotten, L 3291 bis Parkplatz Heide, über den mit einem grünen H markierten Höhenrundweg ist der Geiselstein von hier in wenigen Minuten zu erreichen | **Tipp** Die in Stein und Holz gefasste Niddaquelle (Parkplatz Niddaquelle) ist eigentlich gar keine Quelle. Das Rinnsal lässt sich einige hundert Meter durchs Hochmoor Breungesheimer Heide bis zum oberhalb gelegenen Landgrafenborn verfolgen.

100__ Der Riesenmammutbaum

Lebendige Wolkenkratzer

Mammutbäume, auch Sequoias genannt, gehören zur Familie der Sumpfzypressen. Die letzte große Eiszeit überlebten nur wenige Arten, zum Beispiel in den geschützten Hochtälern der Sierra Nevada in Kalifornien. Dort wurden sie Mitte des 19. Jahrhunderts von Einwanderern (wieder-)entdeckt. Auch die Samen der Schottener Mammutbäume stammen von dort. Der Botaniker und Pflanzensammler C. A. Purpus brachte sie um 1895 nach Deutschland. In einer Baumschule bei Darmstadt wuchsen daraus kräftige Jungpflanzen heran, von denen vier im Läunsbach-Pflanzgarten gesetzt wurden. Der Pflanzgarten hat eine lange Tradition und ist wichtiger Bestandteil der Ausbildung in der Schottener Forstschule.

Wer den größten der Baumriesen nahe der Niddatalsperre zum ersten Mal erblickt, denkt, der muss ja schon Hunderte von Jahren alt sein! Gut fünf Leute braucht es, ihn zu umfassen. Sein Durchmesser beträgt circa 2,5 Meter, und mit etwa 35 Metern Höhe erhebt er sich weit über den einheimischen Mischwald. Doch weit gefehlt! Gepflanzt wurden die Bäume zwischen 1895 und 1900. Der mächtigste unter ihnen angeblich von Förster Karl Schott anlässlich der Geburt seines Sohnes im Jahr 1900. Damit wurde der Mammutbaum 2013 gerade mal 118 Jahre alt, er ist ein Jungspund unter den Baumriesen sozusagen. Denn seine Verwandten in Kalifornien können mehr als 3.000 Jahre alt werden!

Die drei »kleinen« Brüder sind zwar genauso alt, hatten aber einen schlechteren Start ins Leben. Sie mussten inmitten älterer Bestände aufwachsen, die ihnen Licht und Nährstoffe nahmen. Der große Bruder konnte sich jedoch auf einer Freifläche zum Star entwickeln. Mit ihm hatten sich die Förster aber auch ein Kuckucksei in die Waldschule gelegt, denn der Baumriese hatte schon im zarten Alter von 50 Jahren seine Wurzeln so weit ausgebreitet, dass es auch in größerer Entfernung nicht gelang, neue Beete für die Baumanzucht anzulegen.

Adresse außerhalb, 63679 Schotten, östlich des Niddastausees | **Pkw** A 45 bis Berstadt, B 455 bis Parkplatz Niddastausee, über die ausgeschilderte Wanderroute »Stauseetour Schotten« zu erreichen | **Tipp** Angeln, Segeln, Surfen, Baden, Tauchen, Radfahren und Skaten, alles möglich an, auf und in der Niddatalsperre (an der B 455 zwischen Schotten und Rainrod).

101_ Die Schneekugelsammlung

Im Heimatmuseum Schotten schneit es immer

Im Heimatmuseum Schotten wird ein kleiner Schatz gehütet, ein Schatz für Liebhaber von Schneekugeln. Da schneit es über den schiefen Turm von Pisa, rund um Schloss Neuschwanstein, aber auch in der Flaschenpost aus Hamburg. Miss Piggy und der Weihnachtsmann stehen ebenso im mal weißen, mal flirrend bunten Schneetreiben wie Maria und Josef mit dem Jesuskind. Auch vom anderen Ende der Welt, aus Myanmar, Brasilien oder New York, gibt es die in der Mitte des vorigen Jahrhunderts als Mitbringsel beliebt gewordene Schneekugel mit allen nur denkbaren Motiven in der Sammlung des Heimatmuseums Schotten. Manche Exponate sind mittlerweile mehr als 100 Euro wert.

Die Sammlung umfasst inzwischen mehr als 2.500 Schneekugeln, von denen derzeit aber nur knapp 1.000 gezeigt werden. Darunter auch 34 große Schaukugeln der Firmen Koziol, Phönix und Fimo. Der Rest schlummert gut verpackt in Kisten dem neuen Museumskonzept entgegen, in das die Schneekugeln als Alleinstellungsmerkmal der heimatkundlichen Sammlung integriert werden sollen. Die zahlreichen Souvenirs aus aller Welt müssen regelmäßig gepflegt werden, das heißt abstauben und destilliertes Wasser nachfüllen.

»Kulturgeschichtlich noch interessanter wird die Sammlung unter dem Aspekt, dass es im Heimatmuseum weitere Gegenstände der Erinnerungskultur hinter Glas gibt«, sagt Museumsleiterin Elke Schmidt. Denn an den Wänden zeugen Schreine mit geflochtenem Haar, Brautschmuck oder festliche Gestecke hinter Glas von dem Bedürfnis des Menschen, sich an besondere Erlebnisse und Begebenheiten zu erinnern. Entstanden ist die Sammlung aus einer Schenkung der Familie Schwarzenberg aus Schlüchtern. Sohn Michael sammelte 30 Jahre mit Leidenschaft diese Souvenirs aus aller Welt. Nach seinem Tod vermachten die Eltern seine Sammlung 1997 dem Heimatmuseum Schotten. Dieser Grundstock wurde über die Jahre durch weitere Schenkungen erweitert.

Adresse Heimatmuseum Schotten, Vogelsbergstraße 95, 63679 Schotten, Tel. 06044/3428 |
Pkw A 45 Ausfahrt Ranstadt, L 3187 bis Ranstadt, B 457 bis Nidda, L 3139 bis Unter-Schmitten, B 455 bis Schotten, rechts auf die K 2220, dann links in die Vogelsbergstraße |
Öffnungszeiten Do, Sa, So 14.30 – 16.30 Uhr | **Tipp** Idyllisch stürzt die Nidda über den einzigen Wasserfall ihrer Lauf-Bahn am Ende des Alteburgparks in die Tiefe (ausgeschildert ab Stadtmitte Vogelsbergstraße Höhe Erbsengasse).

102__ Der Schottenring
Ich will Spaß, ich geb Gas!

Enge Kurven und Serpentinen wie in den Alpen, Karussell und Stadtkurs – auf dem einst 16,08 Kilometer langen Schottenring, der Rennstrecke zwischen Schotten, Rudingshain und Götzen, wurde ab dem 12. September 1925 Motorsport-Geschichte geschrieben. Der Schottenring ist neben Nürburgring, Solitude und Avus eine der ältesten Rennstrecken Deutschlands.

Die komplette Strecke ist noch erhalten, man kann auf prominenten Spuren die Landesstraßen 3291 und 3139 noch heute entlangfahren. Ausflüglern bieten sich dabei spektakuläre Ausblicke über die Wetterau bis zur Frankfurter Skyline – beispielsweise vom Panorama-Parkplatz am Ludwigsbrunnen bei Götzen oder am Engler-Denkmal, das dem Gründer des MSC Schotten gewidmet ist.

Der erste professionelle Wettkampf im Vogelsberg war ein Motorradrennen, bis 1937 wurden auf der Bergstrecke ausschließlich Rennen dieser Art gefahren. 1938 starteten erstmals Sportwagen. Nach dem Zweiten Weltkrieg, zwischen 1948 und 1950, gaben sich auf dem Schottenring die damaligen Größen des Rennsports wie Huschke von Hanstein und Schorsch Meier, in den 1960er Jahren auch die zweimaligen Gespann-Weltmeister Fritz Cron und Wilhelm Noll die Ehre. Bis zu 120.000 Zuschauer verfolgten auf den grünen Hängen an der Strecke die Wettfahrten. Höhepunkt der Renngeschichte auf dem Schottenring: Der große Preis von Deutschland für Motorräder 1953, der zu den Läufen der Motorrad-Weltmeisterschaft zählte.

Das Aus kam 1956. »Aus Sicherheitsgründen«, wie Rennsportleiter Wolfgang Wagner berichtet. Die Pause dauerte bis 1968. Danach belebte der MSC Schotten die ehemalige Rennstrecke mit Motorradrennen auf dem Stadtkurs und Berg-Rallys neu. Seit 1989 gehen auch wieder bis zu 180 Oldtimer (bis Baujahr 1970) bei historischen Grand-Prix-Läufen auf einem deutlich verkürzten Kurs von drei Kilometern Länge an den Start.

Adresse 63679 Schotten, L 3291 und 3139 zwischen Schotten, Rudingshain und Götzen | **Pkw** A 45 Ausfahrt Ranstadt, L 3187 bis Ranstadt, B 457 bis Nidda, L 3139 bis Unter-Schmitten, B 455 bis Schotten | **Tipp** Ruhig und besinnlich ist ein Besuch in der Lieb-frauenkirche (Vogelsbergstraße). Ein kunsthistorisches Kleinod ist der spätgotische Flügel-altar, entstanden 1373 bis 1380 n. Chr., mit zwölf Bildpaaren biblischer Szenen, aber auch Ungewöhnlichem wie der Beschneidung Jesu.

103___Der Baumkronenpfad

Mit den Eichhörnchen auf Augenhöhe

Schwindelfrei sollte man schon sein, wenn man sich auf Europas ersten und bisher einzigen schwebenden Baumkronenpfad auf dem Hoherodskopf wagt. Über Hängebrücken und Bohlenstege, gut gesichert mit 1,30 Meter hohen Netzen, führt der 500 Meter lange Pfad in den Bäumen von Holzplattform zu Holzplattform. In bis zu 30 Metern Höhe ist man mit Eichhörnchen, Vögeln und anderen Baumbewohnern auf Augenhöhe. Fehlt nur noch, dass sich Tarzan auf der Suche nach Jane laut brüllend von Seil zu Seil schwingt!

Die Idee haben Freunde der Erbauer Christoph Heinz und Stefan Dolzer aus Malaysia mitgebracht. Die beiden sind erfahren im Bau von abenteuerlichen Wegen durch die Wipfel. Sie haben bereits den Kletterwald auf dem Hoherodskopf und den Tree-Top-Walk am Edersee konzipiert und bauen lassen.

In luftiger Höhe balanciert man auf dem Baumwipfelpfad beispielsweise auf einer 50 Meter langen Hängebrücke über die Schlucht der ehemaligen Skisprungschanze am Hoherodskopf. Selbst die Planeten liegen den Klettermaxen in Form von großen silbrig glänzenden Kugel zu Füßen. Anhand von Schaubildern kann man die Lebensgemeinschaft Wald kennenlernen. Überhaupt: Zahlreiche weitere Informationstafeln und Aktivelemente wie die Vorrichtung aus Tauen, mit der die Hebelwirkung des Windes auf die Bäume veranschaulicht wird, oder ein zwischen die Äste gespanntes überdimensionales Spinnennetz machen die Wipfel-Tour zu einem lehrreichen Erlebnis.

Welcher Urzeit-Vogel brütet denn hier?, fragt man sich, wenn man ein Nest mit riesigen Eiern auf einem der zwischen den Bäumen ohne eine Schraube verankerten Pontons findet. Auch die zeitweise akrobatisch anmutenden Kletterer im benachbarten Kletterwald, die sich an Seilen über wacklige Hängebrücken oder frei schwebende Autoreifen von Ast zu Ast schwingen, kann man vom gesicherten Pfad aus gut beobachten.

Adresse am Parkplatz Hoherodskopf, 63679 Schotten-Breungeshain, Tel. 06033/973853 oder 06044/608945 | **Pkw** von Schotten L 3291 bis Parkplatz Hoherodskopf | **Öffnungszeiten** Mai täglich 10–18 Uhr, Juni–Sept. täglich 10–19 Uhr, Okt. täglich 10–17 Uhr, in den Herbstferien täglich 10–18 Uhr, Nov.–März bei gutem Wetter ist der Kletterwald nebenan Sa, So 11–17 Uhr geöffnet | **Tipp** Der Kiosk »Bei Doro« (Hoherodskopf 12) hat Kultstatus. Hier treffen sich Motorradfahrer aus der ganzen Region. Es gibt die besten Bratwürste und Fritten weit und breit sowie aussichtsreiche Liegeplätze auf überdimensionierten Holzliegen.

104_ Die Stumpe Kirch
Ort der Kontemplation

In einem schönen Wiesental, gut versteckt in einem Hain, ragen die Fundamente (Stumpe) der Marcellinuskapelle aus einem sanften Erdhügel. Sie steht auf den Grundmauern einer in der zweiten Hälfte des 13. Jahrhunderts errichteten frühgotischen Kirche. Noch viel weiter zurück reicht die Bedeutung des Ortes. Denn sehr wahrscheinlich machte der Leichenzug, der Bonifatius, den Apostel der Deutschen, auf seiner letzten Reise von Mainz nach Fulda begleitete, vom 13. auf den 14. Juli 754 hier Rast. Historisch belegt ist, dass der 180 Kilometer lange Weg streckenweise auf der rechten Niddastraße und über den Vogelsberg führte. Heute ist die Kapelle Station auf der Bonifatius-Pilger- und Wanderroute. Im ehemaligen Kirchenraum steht statt des Gestühls eine rustikale Bank. Nimmt man Platz, bietet sich eine großartige Aussicht auf den hohen Vogelsberg mit Taufstein und Hoherodskopf und dem hoch aufgerichteten Kreuz davor.

An den Rastplätzen des Leichenzugs wurden oft kleine Kirchen und Kapellen errichtet. So auch hier. Anfang des 9. Jahrhunderts wurde das Gebäude im Gedenken an den römischen Märtyrer Marcellinus vom Mainzer Bischof auf dessen Namen geweiht. Die »Stumpe Kirch'«, wie die Marcellinuskapelle im Volksmund heißt, war bis ins 16. Jahrhundert die Dorfkapelle für die ehemaligen Weiler Nithorn (heute Nidda), Bleistadt und das heutige Burkhards. In Kirchendokumenten dieser Zeit wird sie als »Mirtzler Kirche« bezeichnet, was so viel bedeutet wie Märtyrerkirche.

Im 16. Jahrhundert wurde sie aufgegeben und verfiel. Erst 1931 machte sich der Heimatforscher Dr. Christian Müller daran, den entstandenen Schutthügel auszugraben und die Fundamente einer kleinen rechteckigen Saalkirche von etwa 17 auf acht Meter freizulegen. Um die Kirchenruine ranken sich viele Sagen und Geschichten, und bis heute hat sich der Ort seine mystische Ausstrahlung bewahrt.

Adresse südlich von 63679 Schotten-Burkhards, an der B 276 | **Pkw** B 275 bis Gedern, dann B 276 Richtung Schotten, unterhalb der Kreuzung B 276/K 141 biegt ein Feldweg (als Bonifatiusroute ausgeschildert) nach links ab | **Tipp** Nach der kontemplativen Einkehr im romantischen Kirchlein empfiehlt sich das Schlosshotel Gedern (Gedern, Am Schlossberg 5), wo Hubert Schultz auf hohem Niveau regional kocht und man im Sommer auf einer herrlichen Terrasse mitten im Schlosspark sitzt.

105 — Der Bilstein

Götter-Dämmerung

Stolz ragt der Bilstein, ein geologisch interessanter und sagenumwobener Basaltfels, oberhalb von Busenborn in den Himmel. Hier oben liegt einem, wenn schon nicht die Welt, so zumindest der Vogelsberg, die Wetterau und das ferne Frankfurt zu Füßen. Der Blick schweift bis zum Taunus und ins Gießener Land. Am besten erreicht man den Fels über die »Vogelsberger Gipfeltour« oder vom Wanderparkplatz an der L 3338 zwischen Breungesheim und Sichenhausen. Man kann auch schnurstracks von Busenborn hinaufsteigen. Dafür sollte man jedoch Kondition mitbringen.

Bei einer Besteigung trägt sich zuweilen Seltsames zu: So kann es passieren, dass eine in ein langes Gewand gekleidete Frau, mit wallendem Haar und mit einem Gürtel, besetzt mit mystischen Zeichen, um die Hüfte geschlungen, dem Wanderer entgegenkommt. Über der Schulter trägt sie eine große Felltasche, in der Hand einen geschnitzten Stab. Ob sie die Else vom Bilstein ist, jene sagenhafte Gestalt, die angeblich in einer Höhle unter dem Fels wohnt und alles in ihre Höhle schleppt, was unachtsame Besucher am Bilstein unbewacht liegen lassen? Oder ist es doch eher eine Angestellte des Naturparks, die Führungen zu diesem sagenhaft Ort anbietet? Eines ist sicher: Wer einmal hier war, der kommt gerne immer wieder. Ganz einfach weil der zerklüftete Basaltkegel ein Ort mit magischem Charisma für die einen, ein toller Klettergarten für die anderen ist.

Eine andere Sage berichtet, dass sich die alten germanischen Götter Wotan, Donar und Frigga in den Bilstein zurückzogen, als der iro-schottische Mönch Bonifatius nach Hessen kam, das Christentum predigte und die Menschen taufte. Andere behaupten, auf dem Bilstein würden Ufos landen.

Wie dem auch sei, fest steht, dass der 665 Meter hohe Fels aus Säulenbasalt gebildet ist. Am Rande sei bemerkt, dass die ledigen jungen Männer aus Busenhorn hier oben alljährlich den einzigen schiefen Maibaum Deutschlands aufstellen.

Adresse 63679 Schotten-Busenborn | **Pkw** A 45 Ausfahrt Ranstadt, L 3187 bis Ranstadt, B 457 bis Nidda, L 3139 bis Unter-Schmitten, B 455 bis Schotten, weiter Richtung Hoherodskopf, dann rechts ab K 104 (Friedhofsweg/Eicheltalstraße) nach Busenborn, vom Gasthaus Zum Bilstein (Untergasse 20) ist der Wanderweg zum Bilstein ausgeschildert | **Tipp** Der Bibelgarten im Kirchgarten in Busenborn (Eicheltalstraße 21) ist der kleinste (150 Quadratmeter) und am höchsten gelegene (500 Meter) Bibelgarten Hessens.

106__Anneroses Garten

Symphonie in Bunt

Anneroses Garten ist ein sich je nach Jahreszeiten wandelnder Traum in Gelb, Blau oder Rot. Egal, ob Topfgarten, Kakteen und Sukkulenten, das Gewächshaus»Planetarium«, die Dahlien- oder Lenzrosenbeete, der Kräuter- und Duftpflanzengarten. Man kann sich bei einem Besuch gar nicht sattsehen an der blühenden und grünenden Pracht im naturnah gestalteten Liebhabergarten. Den haben Annerose und Bernd Schröder mit viel Liebe und noch mehr Schweiß in den vergangenen Jahren auf dem Gelände rund um ihren ehemaligen Bauernhof angelegt. Ein kleiner Rundweg führt durch das Paradies.

Die beiden verbringen jede freie Minute in ihrem abwechslungsreich gestalteten Garten. »Es sind die Strukturen durch die Gliederung, die Themen der Beete und Anlagen sowie die wechselnden Farbkombinationen, die mich faszinieren«, sagt die Herzblut-Gärtnerin. Inspirieren ließ sich das Paar auf der Insel Mainau, in holländischen und englischen Gärten, sogar nach Amerika sind die beiden gereist. Nach ihren Lieblingspflanzen gefragt, nennt Annerose Schröder nicht die prächtig blühenden oder exotischen. Nein, es ist das bescheidene, erst auf den zweiten Blick faszinierende Sempervivium, die Hauswurz. Die darf in allen möglichen Formen und ebenso vielen, manchmal unmöglichen Gefäßen gedeihen – von der edlen Terrakotta-Schale auf dem ehemaligen Erntewagen bis zur ausgedienten Erdnuss-Büchse im Büchsen-Garten, in dem ausgediente Konservendosen einen neuen Auftritt bekommen.

Im Kübelgarten gedeihen Pelargonien, Malven, Wandelröschen und Kakteen. Entlang der ehemaligen Scheune, in der man mit kleiner Gesellschaft auch urig feiern oder zum Kaffeeklatsch mit Anneroses selbst gebackenen Kuchen einladen kann, reihen sich zahlreiche Stauden. Der hintere Garten wird dominiert von einem alten Holzsilo. Von hier sind es nur wenige Meter zum leise vor sich hin plätschernden Eichelbach.

Adresse Rainröder Straße 11, 63679 Schotten-Eichelsachsen, Tel. 06044/3886 | **Pkw** von
Schotten B 276 bis Abzweig L 3348 bis Wingertshausen, L 3183 bis Eichelsachsen, auf
Rainröder Straße | **Öffnungszeiten** Mo–Fr 15–18 Uhr und nach Vereinbarung | **Tipp**
Der idyllische Dorfweiher (circa 800 Meter vom Dorf entfernt, oberhalb der Zwiefaltener
Straße) mit Wiesen drum herum ist sommers Freibad, winters wird hier Schlittschuh
gelaufen.

107__ Keils Schokoladen-manufaktur

Paradies für Süßmäulchen

Schwarze Mamba, Caipirinha oder Kokoskuss – mehr als 50 kunterbunte Sorten Schoköküsse produziert Wolfgang Keil in seiner »Kuss-Stube«. Die ist mit knapp 25 Quadratmetern nicht groß, aber dafür ist ganz großartig, was der gelernte Konditor und sein Helfer in Deutschlands kleinster Schokoladen-Manufaktur von Hand fertigen: Schaumküsse in Geschmacksrichtungen von klassisch mit dunkler Schokolade über Pistazie ganz in Grün bis Stracciatella mit dunklen Schokostreuseln und Erdbeer-Küsse in Quietschrosa zum Beispiel.

Knackfrisch ist die Glasur aus dunkler, weißer oder Nussschokolade, luftig und cremig der geschlagene Eischnee. Gekrönt werden die süßen Kunstwerke von kunterbunten Streuseln oder Kokosflocken. So schmelzen die Schaumküsse auf der Zunge, nicht in der Hand.

Zwischen 400 und 6.000 Schoköküsse produziert Keil mit einem Helfer täglich. »Kommt auf die Jahreszeit an«, sagt er und ergänzt: »Bei 6.000 Stück ist die Schmerzgrenze aber erreicht. Dann muss ich 12 bis 14 Stunden in der Produktion stehen.« Werkzeug und Geräte braucht er nicht viele: eine überdimensionierte Rührmaschine, eine Kupferschüssel, in der Zucker geschmolzen wird, Tauchwannen mit flüssiger Schokolade und Trockenregale.

Zuerst wird das Eiweiß steif geschlagen, dann der erhitzte, flüssige Zucker dazugegeben. Danach kommt die schaumige Masse in eine Tülle, und Wolfgang Keil spritzt geschickt und mit Augenmaß den Schaumberg auf die vorbereiteten Waffelböden. Die hat er zuvor mit einem Mehl-Wasser-Gemisch auf dem Brett fixiert. Kennzeichen seiner Produkte: das kleine Krönchen. Dann taucht Keil die Schaumküsse kopfüber ins Schokoladenbad. Holt er sie wieder raus, tropft die Schokolade in kleinen Rinnsalen herunter. Danach müssen die süßen Gaumenschmeichler eine halbe Stunde in den Regalen trocken – bevor man es knacken lassen kann.

Adresse Untere Weinbergstraße 5, 63679 Schotten-Wingershausen, Tel. 06044/3128 | **Pkw** von Schotten B 276 bis Abzweig L 3348, bis Wingertshausen folgen, rechts in Rang-straße, dann links in Untere Weinbergstraße | **Öffnungszeiten** Mo – Fr 8 – 12.30 und 14 – 18 Uhr, Sa 8 – 13 Uhr | **Tipp** Die gut 100 Meter lange »Geologische Hecke« (am Rundweg »Auf der Spur der Natur«, Start am Backhaus Eichelsachsen) grünt auf einem ehemaligen Steinbruch. Es werden Gesteine aus der Region präsentiert und erklärt.

108__ Das Naturbadebiotop

Hier gehen Sie natürlich baden!

Libellen schwirren umher, Gräser wiegen sich im Wind, leise gluckert das Wasser im ersten Naturbadebiotop Deutschlands. Das naturnahe Schwimmbad liegt exponiert am Hang, deswegen sind tolle Weitsichten von den Liegewiesen bis ins Gießener Becken im Eintritt inklusive. 1998 stand die Sanierung des örtlichen Freibades an. Warum nicht ein Badebiotop anlegen?, fragten sich die Stadtväter. Denn: Der Betrieb eines Naturbades ist viel günstiger als der eines konventionellen, Heizkosten oder Ausgaben für Chemikalien wie Chlor entfallen. Und umweltfreundlicher ist es sowieso.

Das Ulrichsteiner Naturbad gliedert sich in einen Schwimmbereich von 565 Quadratmetern und einen Regenerationsbereich von 640 Quadratmetern. In Letzterem bilden Röhricht-, Schwimmblatt- und andere Pflanzen einen Filter, und das Wasser wird mit ihrer Hilfe auf ganz natürliche Weise gereinigt.

Hölzerne Pontons laden zum Einstieg ins kühle Nass. Kühl im wahrsten Sinne des Wortes, denn auf 600 Metern im hohen Vogelsberg wird das Wasser selten wärmer als 20 Grad, weswegen die Badesaison auch nur drei Monate, von Juni bis September, dauert. Dafür ist das »Becken« immer frisch und sauber, denn das Wasser wird in einem ständigen Kreislauf erneuert, fließt aus dem Badeareal durch einen Überlauf in den Regenerationsbereich. Von dort wird es mit Pumpen zurück in den Schwimmbereich gepumpt. Einmal jährlich wird das gesamte Wasser abgelassen und der mit Folie ausgelegte Schwimmteich gereinigt, um einer Verschlammung vorzubeugen.

Von der weitläufigen Liegewiese und den hölzernen Liegestegen aus kann man das Wasserparadies betrachten. Das lohnt sich wirklich, denn in und rund um die Regenerationsflächen haben sich zahlreiche Tiere, darunter auch Molche, angesiedelt. Die sind eine Attraktion für Kinder. Anschauen erlaubt, Mitnehmen strengstens verboten!

Adresse Burgblick, 35327 Ulrichstein, Tel. 0173/4315107 | **Pkw** A 5 bis Reiskirchen, B 49 bis Grünberg, L 3166 bis Ulrichstein, das Badebiotop lieg direkt neben der Ferienanlage Burgblick (ausgeschildert) | **Öffnungszeiten** Mo−Fr 10−20, Sa, So 9.30−20 Uhr | **Tipp** Die glücklichen Kühe des Bioland-Betriebes Selgenhof (an der L 3073) beweiden die Höhen des Vulkans und geben dank der Kräuter- und Pflanzenvielfalt auf den Weiden vorzügliche Milch. Besichtigung nach Voranmeldung möglich (Tel. 06645/96150).

109_ Der Vogelsberggarten
Garten Eden auf dem Vulkan

Die Burg Ulrichstein thront auf einem Vulkankegel, an dessen Hänge sich der Vogelsberggarten schmiegt. Geht man durch den Haupteingang, trällern begnadete Sänger wie Finken, Kleiber und Meisen lautstark in einem kleinen Urwald von Eschen, Ahorn und Buchen. Von Ferne blöken die Schafe. Vorbei an heimischen Farnen geht es über einen Kiesweg weiter bis zu einem der landschaftlichen Höhepunkte, einer Goldhaferwiese in Steilhanglage. Die steht im Juni in voller Blütenpracht und wird Ende des Monats unter abenteuerlichen Bedingungen gemäht.

Der Vogelsberggarten, im Jahr 2000 angelegt, gliedert sich in verschiedene Themenbereiche, von der Streuobstwiese mit alten Obstbaumsorten und einem wunderschönen Bauern- und Kräutergarten, von Äckern mit Acker(un)kräutern und Wildpflanzenbeet bis zu traditionellen Rinder-, Schaf- und Ziegenweiden. Angepflanzt und angesiedelt werden hier ausschließlich Gewächse, die im Vogelsberg heimisch sind oder waren. Standorttypische Tiere kommen mit den Pflanzen von selbst zurück in ihr angestammtes Habitat. Zahlreiche Schautafeln informieren über die Flora, deren Geschichte, den Lebensraum und seine frühere Nutzung.

Vorbei an Haselnusssträuchern, Himbeeren, Efeu und Nieswurz geht's zum Beet der Bergwiesenkräuter wie Frauenmantel und Nordisches Labkraut. Im Beet der montanen Hochstauden gedeihen der vielblütige Weißwurz und die verschiedenblättrige Kratzdistel – die Namen legen Rückschlüsse auf die Eigenschaften der Beet-Bewohner nahe. Großer Stolz der Gartenbetreuer: die Bergflockenblume, da sie im Vogelsberg in der letzten Dekade vermutlich ganz verschwunden ist. Der Verein der Freunde und Förderer des Vogelsberggartens hat noch viele Pläne für die Zukunft, zum Beispiel den Anbau einer alten Vogelsberger Bohnensorte oder die Instandsetzung aller Zäune. Hauptaugenmerk liegt allerdings auf der Samensammlung von vom Aussterben bedrohter Pflanzen.

Adresse Altebergsweg, 35327 Ulrichstein, www.vogelsberggarten.de | **Pkw** A 5 bis Reiskirchen, B 49 bis Grünberg, L 3166 bis Ulrichstein, am Ortseingang rechts auf Altebergsweg | **Tipp** Das Museum im Vorwerk (Hauptstraße 33), einer ehemaligen Zehntscheune, zeigt ländliches Kulturgut aus Landwirtschaft, Forsten und Jagd sowie Werke von regionalen Künstlern.

110 Die Burg Wartenberg

Burgfrieden

Etwas versteckt schläft die Ruine der Burg Wartenberg auf einem Bergsporn des Birkich, auf drei Seiten von der Lauter umflossen, wie Dornröschen hinter ihren Rosenhecken. Die Prinzessin wartete allerdings nur 100 Jahre auf einen Prinzen, der sie wachküsste. Burg Wartenberg musste beinahe 700 Jahre warten. Es war Karl Maurer, Leiter des Lauterbacher Museums, der die Ruine in den 1930er und 1940er Jahren maßgeblich erforschte, Fundamente freilegte und Gebrauchsgegenstände wie Münzen, Schlüssel, einen steinernen Adler – das Symbol für einen Gerichtssitz – und das »Wartenbachmännchen«, eine tönerne Figur, zutage förderte. Die Funde aus der Zeit der Grabungen sind im Lauterbacher Hohhaus-Museum im Wartenbergzimmer zu sehen. Heute gelangt man über eine neue Holzbrücke zum rekonstruierten Burgtor. Dort wurde das Wappen der Wartenberger Ritter eingefügt, das nach der Zusammenlegung der Gemeinden Angersbach und Landenhausen 1972 auch zum Wappen der neuen Gemeinde Wartenberg avancierte.

Die äußere Ringmauer, von der nur noch die Fundamente sichtbar sind, mag ursprünglich sechs Meter hoch gewesen sein. Neben dem Haupttor erhebt sich der Stumpf des Bergfriedes, der 7,40 mal 7,30 Meter Grundfläche misst und mindestens 21 Meter hoch war. Die freigelegten Grundmauern vermitteln einen Eindruck von der ehemaligen Größe und Komplexität der Burganlage.

Um 1200 von dem Ministerialen Friedrich von Angersbach erbaut, währte der Frieden auf der Burg nicht lange. Denn bereits 1265 zerstörte Abt Bertho von Fulda die Anlage. Die Sage berichtet, der kleinwüchsige Abt sei einmal Gefangener in der Burg gewesen. Einer Magd erschien der raue Umgang mit dem eingesperrten Kirchenmann unpassend, so packte sie ihn kurzerhand in eine Wäschebütt und schmuggelte ihn aus der Burg. Als Dank stürmte Bertho die Burg und zerstörte sie. Was ist Dichtung, was ist Wahrheit? Man weiß es nicht!

Adresse Burg Wartenberg, 36367 Wartenberg-Angersbach | **Pkw** A 5 Ausfahrt Alsfeld, B 254 bis Angersbach, ab Ortsmitte ausgeschildert | **Tipp** Urig, gemütlich und mit schönem Biergarten lädt das Dorfbräuhaus (Mittelstraße 7) zur Einkehr ein. Alle Biere sind nach dem bayerischen Reinheitsgebot von 1516 gebraut. Das zischt!

111 Das Energiemuseum

Glück auf!

Das Ruhrgebiet als Steinkohle-Revier kennt man. Aber wer weiß schon, dass auch in der Wetterau die Kumpel im 19. und 20. Jahrhundert nach dem schwarzen beziehungsweise braunen Gold gruben? Rund um Wölfersheim wurde seit 1804 Bergbau betrieben, und zwar während der ersten, gut 100 Jahre dauernden Betriebsperiode im Tiefbau (unter Tage), ab 1929 in einer zweiten Abbauphase nur noch im Tagebau. Die gewonnene Kohle diente zunächst als Brennmaterial, ab 1913 wurde sie auch zur Stromerzeugung im staatlichen Kraftwerk des Großherzogtums Hessen genutzt.

Zahlreiche Zeugnisse dieser Bergbau-Ära haben die Stadt Wölfersheim und Mitglieder des »Vereins zur Pflege der Bergbau und Kraftwerkstradition in Wölfersheim« zusammengetragen und stellen sie im »Energiemuseum Wölfersheim« aus. Das Museum befindet sich seit 2006 im ehemaligen Umspannwerk der Oberhessischen Versorgungsbetriebe. Pläne und Fotografien, Gruben- und Karbidlampen dokumentieren Arbeit und Eingriffe in die Landschaft durch den Tagebergbau. Ein Highlight der Sammlung sind die schmucken Paradeuniformen der Kumpel aus Wölfersheim, aber auch aus dem Erzgebirge. Bei Letzteren gehört der dekorative Federpuschel auf dem Hut des Bergmanns dazu. In einjähriger Arbeitszeit ist das Modell des ehemaligen Wölfersheimer Kraftwerkes entstanden. Außerdem wurde im Energiemuseum ein Stollen originalgetreu mit alten Holzpfosten aus den Gruben der Region und einer Doppelbahn, auf der ein Hund (kleiner Wagon zum Kohletransport) fuhr, mit original Balken und Ausrüstungsgegenständen nachgebaut. Die Telefonanlagen, an denen man noch die Kurbel drehen kann, wirken ebenso antik wie die kistenförmigen Funkanlagen, damals modernster Stand der Technik. Heute sind die Gruben entweder verfüllt oder wurden renaturiert. Auf dem historischen Rundweg um den Wölfersheimer See kann man an acht Stationen die Bergbaugeschichte nachverfolgen.

Adresse Seestraße 11, 61200 Wölfersheim, Tel. 06036/2093 | **Pkw** A 45 Ausfahrt Wölfers-
heim, B 455 bis Wölfersheim, Seestraße, direkt am Kreisverkehr im Feuerwehrgebäude |
Öffnungszeiten So 15–18 Uhr | **Tipp** Der Weiße Turm (Hauptstraße) ist 27 Meter
hoch, begehbar und einer der vier ursprünglichen Wehrtürme der 1408 fertiggestellten,
geschlossenen Wölfersheimer Stadtbefestigung.

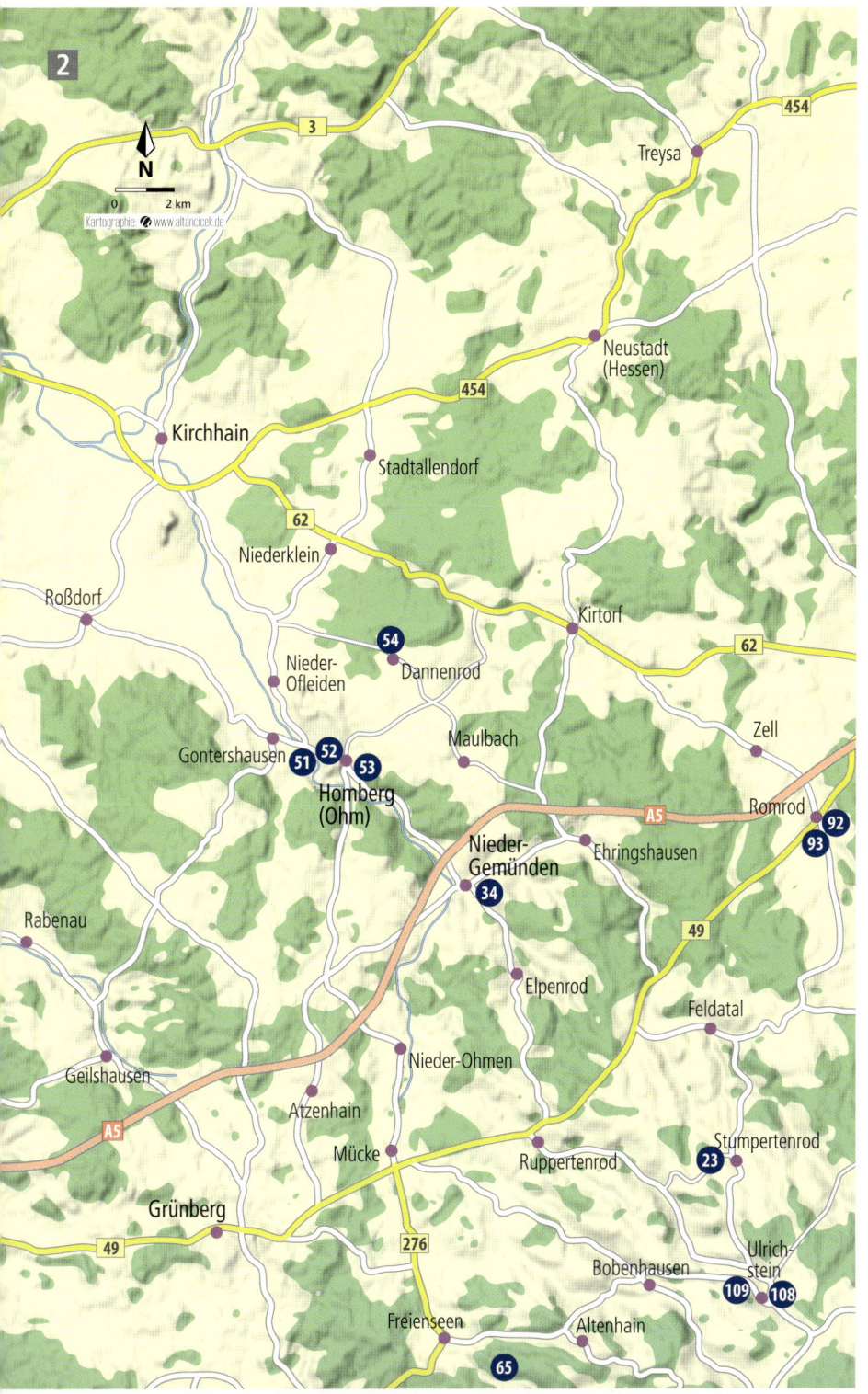

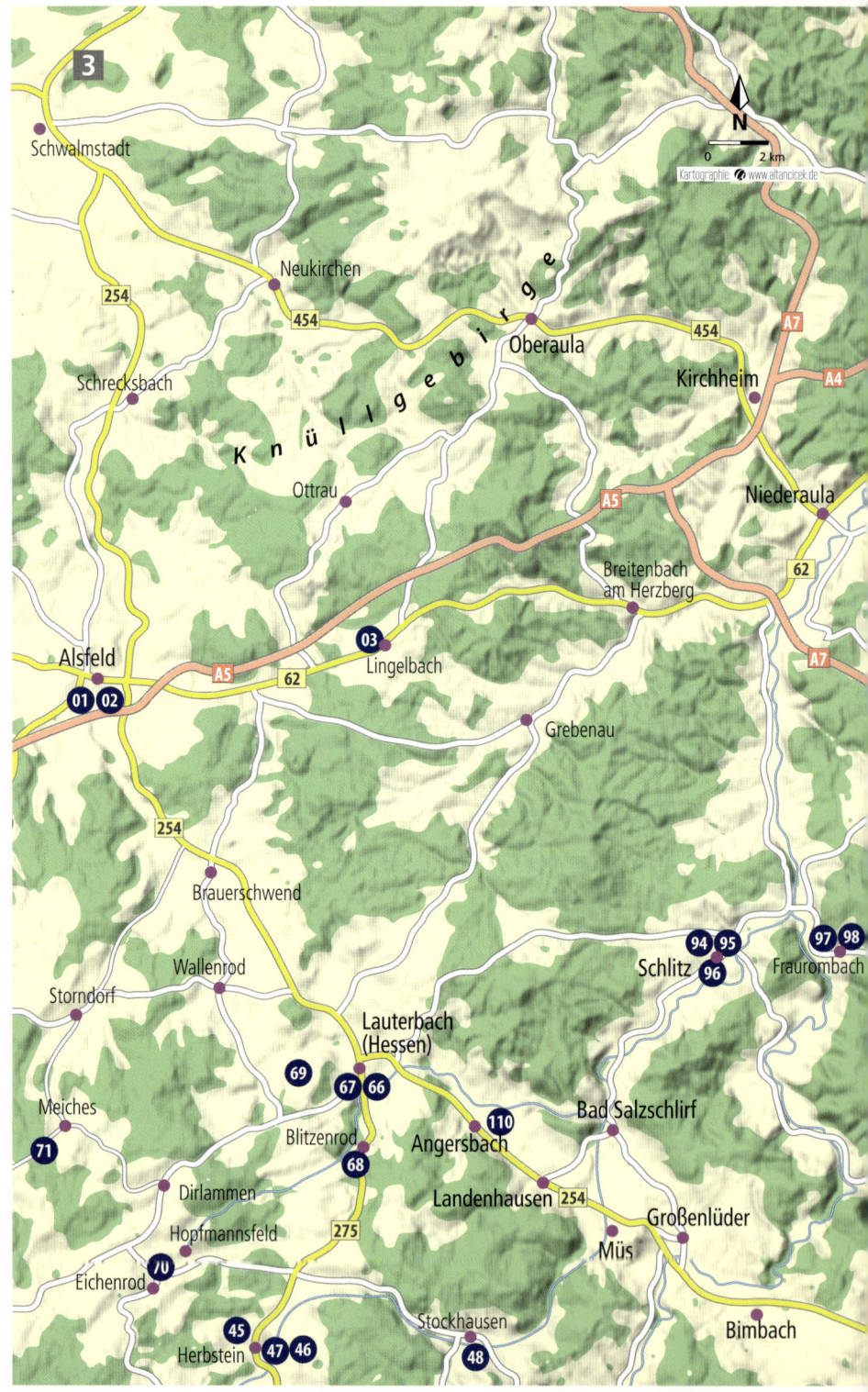

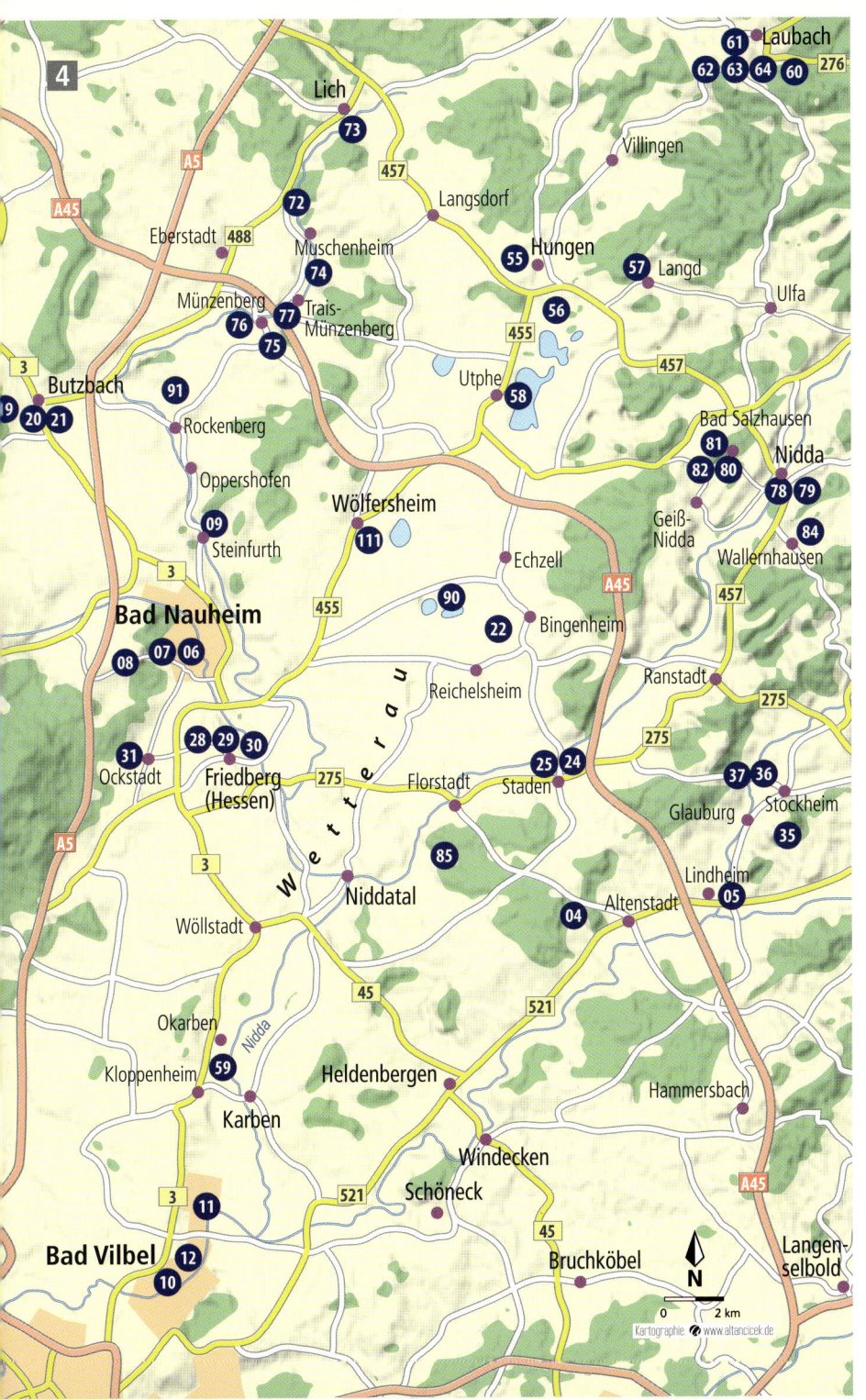

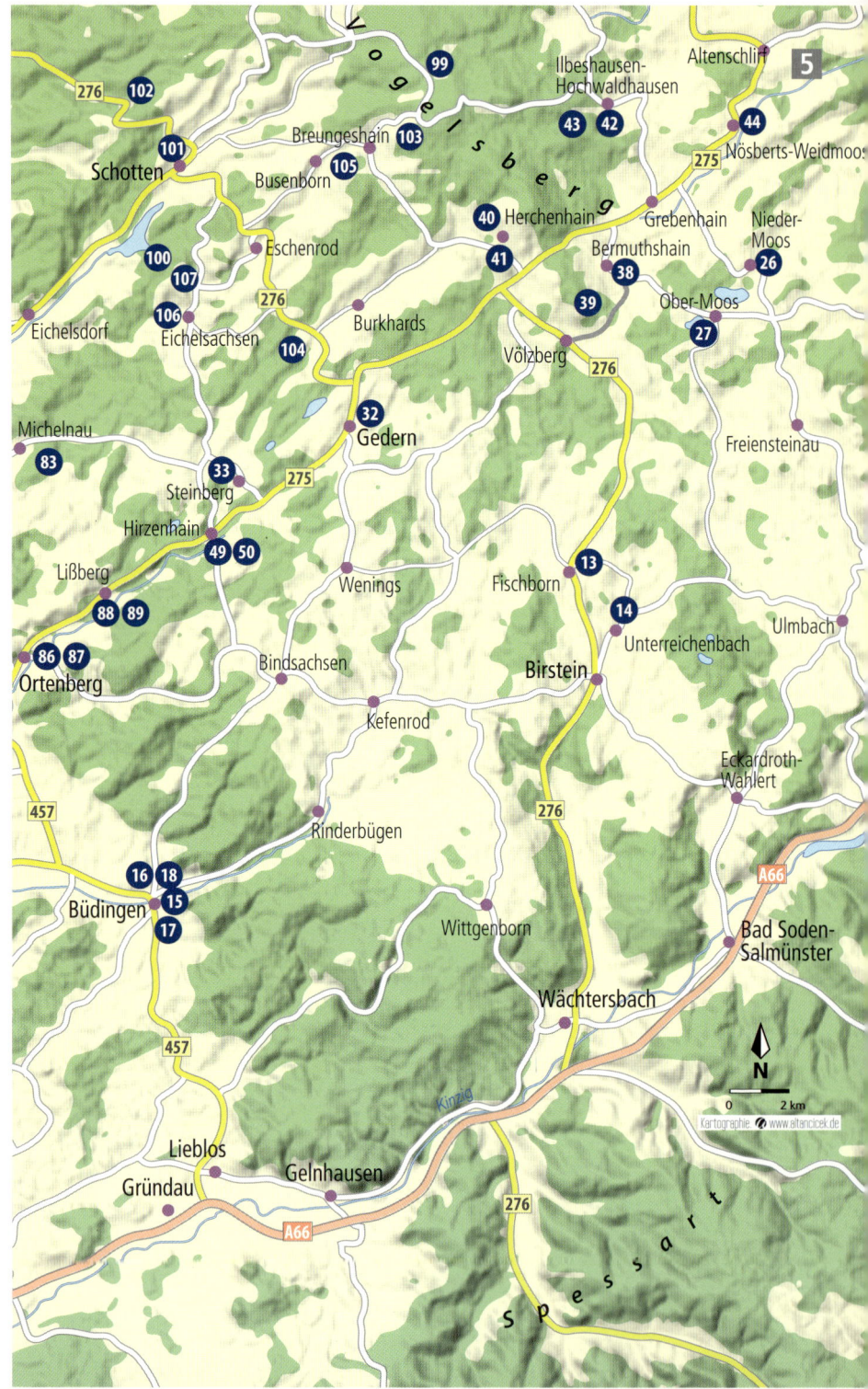

Rüdiger Liedtke
111 Orte auf Mallorca, die man gesehen haben muss
ISBN 978-3-89705-975-7

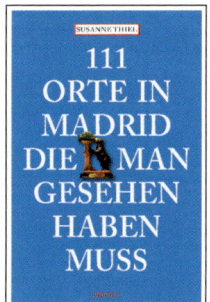

Susanne Thiel
111 Orte in Madrid, die man gesehen haben muss
ISBN 978-3-95451-118-1

Ralf Nestmeyer
111 Orte in der Provence, die man gesehen haben muss
ISBN 978-3-95451-094-8

Peter Eickhoff
111 Orte in Wien, die man gesehen haben muss
ISBN 978-3-89705-969-6

Stefan Spath
111 Orte in Salzburg, die man gesehen haben muss
ISBN 978-3-95451-114-3

Regine Zweifel
111 Orte in Paris, die man gesehen haben muss
ISBN 978-3-89705-823-1

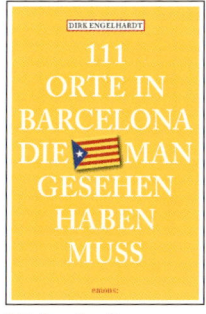

Dirk Engelhardt
111 in Barcelona, die man gesehen haben muss
ISBN 978-3-95451-066-5

John Sykes
111 Orte in London, die man gesehen haben muss
ISBN 978-3-95451-117-4

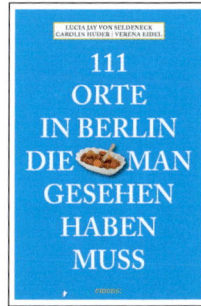

Lucia Jay von Seldeneck, Carolin Huder, Verena Eidel
111 Orte in Berlin, die man gesehen haben muss
ISBN 978-3-89705-853-8

Peter Eickhoff
111 Düsseldorfer Orte, die
man gesehen haben muss
ISBN 978-3-89705-699-2

Fabian Pasalk
111 Orte im Ruhrgebiet, die
man gesehen haben muss
ISBN 978-3-89705-814-9

Rüdiger Liedtke
111 Orte in München, die
man gesehen haben muss
ISBN 978-3-89705-892-7

Gabriele Kalmbach
111 Orte in Dresden, die
man gesehen haben muss
ISBN 978-3-89705-909-2

Oliver Schröter
111 Orte in Leipzig, die man
gesehen haben muss
ISBN 978-3-89705-910-8

René Förder
111 Orte in Sachsen-Anhalt,
die man gesehen haben muss
ISBN 978-3-89705-911-5

Rike Wolf
111 Orte in Hamburg, die
man gesehen haben muss
ISBN 978-3-89705-916-0

Thomas Baumann
111 Orte in der Kurpfalz, die
man gesehen haben muss
ISBN 978-3-89705-891-0

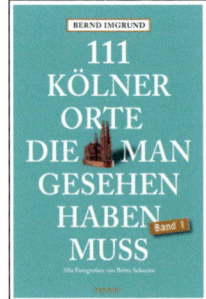

Bernd Imgrund
111 Kölner Orte, die man
gesehen haben muss
Band 1
ISBN 078 3 80705-010-3